Dimensiones de la Odorología Criminalística

Dager Aguilar Avilés

Dager Aguilar Avilés.
Createspace publisher, Estados Unidos. 2015

0

Autor: Dager Aguilar Avilés
Edición y corrección: Dager Aguilar Avilés
Diseño interior y de cubierta: Dager Aguilar Avilés
CreateSpace Publisher edition sistem.
Diagramación: Dager Aguilar Avilés

Sobre la presente edición:
©Dager Aguilar Avilés, 2015
©Publicado por Createspace publisher, 2015
Estados Unidos. Editado en colaboración con el Proyecto
Ediciones Honoris-Europa (Polonia).
Dimensiones de la Odorología criminalística
ISBN-13: 978-1518755422
ISBN-10: 1518755429

1

A la Dra. Zarezka Remigio Ferro. Por inculcar en mí el amor por los estudios criminalísticos. Por enseñarme todo lo que hoy sé y ser la inspiración de esta obra.

La publicación de este libro y su divulgación ha sido financiada por el proyecto Erasmus Mundus Action 2 de la Unión Europea.

Del Autor:

Dager Aguilar Avilés: Ciudadano cubano residente en la ciudad de Varsovia, Polonia. Abogado, criminólogo, analista político latinoamericanista, académico y escritor. Ha impartido docencia y ha sido investigador asociado en universidades de Cuba, Italia y Polonia. Ha dirigido varios investigaciones de tesis de diploma y maestría. Ha publicado varios libros en Europa y Estados Unidos, así como numerosos artículos y ensayos en revistas especializadas en ciencias sociales y jurídicas en Europa y América Latina. Ha presentado ponencias en numerosos eventos científicos y recibido varios premios a lo largo de su carrera estudiantil y profesional.

Indice

Capítulo I: Dimensión Científica./7

Capítulo II: Dimensión Práctico-social./66

Capítulo I: Dimensión científica.

Sumario:

1. *Fundamento científico de la Odorología. 1.1. Reseña histórica del surgimiento y desarrollo científico. 1.2. Principios generales. 1.3. Factores que ayudan a la obtención de la huella. 1.4. Factores que inciden negativamente en la toma de huellas olorosas. 2.* **Problemas que plantea la Odorología en su dimensión científica.** *2.1. La cuestión sobre sus fundamentos científicos doctrinales y leyes de comportamiento científicos odorológico. 2.2. la cuestión sobre su naturaleza científica.*

1. Fundamento científico de la Odorología.

La Odorología se fundamenta científicamente en su capacidad para corroborar en la solución cierta e inequívoca de un problema planteado. Ese problema responde a un fenómeno social que es generalmente un delito. Con ello queremos significar que la Odorología no resuelve *per se* el conflicto delictivo en su totalidad pero contribuye contundentemente a su esclarecimiento. Esta idea es el centro de un debate intenso respecto a la naturaleza científica de la Odorología y su encuadre dicotómico, o ecléctico para algunos, entre las ciencias sociales y forenses. Así queda abierto a debate, y con muy poco criterio homogéneo por parte de los especialistas, si la Odorología es una ciencia forense, independiente, con todos los atributos de las mismas o simplemente es una técnica o especialidad dentro de la Criminalística. Este planteamiento nos obliga a un análisis respecto a los tributos científicos que posee la Odorología y su tratamiento en el fenómeno delictivo y procesal penal. Solamente de esa forma se puede valorar con mayor exactitud si al hablar de Odorología hacemos referencia a una ciencia independiente o a un saber científico o si debemos acuñarla como Odorología forense u Odorología Criminalística. Estos problemas científicos, los cuales abordaremos en este capítulo, son los que exigen un estudio pormenorizado de la Odorología en su dimensión científica pura sin caer en otros problemas que se plantean en el orden jurídico, legal y filosófico que abordaremos en otros capítulos de esta obra.[1]

Toda ciencia para ser considerada como tal requiere de características generales (racionalidad y objetividad) que la equiparan al resto de las ciencias existentes. Ello se debe a que sus postulados doctrinales deben ser verificables y comprobables en la aplicación práctica de la ciencia correspondiente. No obstante, poseen además otras características particulares que responden a ese esquema homogéneo antes mencionado como es poseer un objeto de estudio, categorías y leyes de conocimiento, principios y métodos propios, utilidad social, finalidad, etc,.

---

[1] Ello no significa que los problemas de orden jurídico, legal y filosóficos que plantea la Odorología no sean científicos. Lo cierto es que la metodología seguida en esta obra pretende valorar cada uno de estos problemas desde las distintas dimensiones de la Odorología. Por eso hemos dividido esta obra en diferentes capítulos referidos a cada dimensión. En este primer segmento haremos referencia a la epistemología odorológica y su deontología científica y práctica.

Entre las características que toda ciencia debe poseer para ser considerada como tal están a saber:

1. *facticismo*. El sentido fáctico de una ciencia se debe a que parte de los hechos, los resuelve y a ellos regresa. Estos enunciados fácticos son los llamados datos empíricos los cuales, a su vez, son las materias primas de sus elaboraciones teóricas y metodológicas. En el caso de la Odorología esta posee un extenso *background* empírico por su basta metodología práctica y la detallada experticia con la que se aplica en los lugares de los distintos hechos delictivos cuando es requerida para la identificación de los autores y partícipes correspondientes. La Odorología parte desde un suceso criminal hasta la elaboración de hipótesis que posteriormente son verificables en un margen ínfimo de error. En sus conclusiones cada dictamen odorológico hace referencia al hecho delictivo correspondiente y sus partícipes sobre la base del empirismo que caracteriza la metodología odorológica. Ello significa que el informe conclusivo de todo dictamen pericial tiene un fundamento fáctico y

no se refiere a suposiciones o fundamentaciones teóricas.[2]

2. *Trasciende los hechos*: la ciencia no solo descarta los hechos, sino que produce nuevos hechos y los explica. Lo cierto es que con este conocimiento científico se racionaliza dicha experiencia en lugar de limitarse a describirla explicando los hechos en lugar de inventariarlos. El proceso penal tiene como objeto un hecho delictivo y busca constantemente acercarse, en lo posible, al hecho real que conformará esa verdad relativa que fundamentará la correspondiente sentencia judicial. La identificación de los sujetos autores del delito y sus partícipes es fundamental para lograr tal cometido. La Odorología permite dicha identificación y, con ello, descartar otras suposiciones u hechos introducidos por las partes en el proceso con el objetivo de crear la duda procesal y ampararse en el principio *indubio pro reo*. De esta manera la Odorología no inventaria hechos sino que contribuye a

---

[2] Ello no quiere decir que durante el proceso del dictamen y elaboración del informe odorológico, así como su discusión en el juicio oral y su respectiva valoración judicial no se tengan en cuenta todos los fundamentos teóricos de la Odorología. Aquí se trata de aclarar que todo al respecto al dictamen se enmarca o tiene como cima y base al propio hecho delictivo.

descartar los mismos y los explica parcialmente(en lo refrente a la presencia o no de cada acusado en el lugar del suceso delictivo).

3. Es *analítica* en cuanto a través de sus métodos de investigación aborda cada problema planteado y bien identificado y trata de descomponerlo todo en elementos. Así entendiendo toda situación total en términos de sus componentes intenta descubrir todos los elementos que explican su integración. En lo que respecta a la Odorología no cabe dudas que esta comprende un análisis exhausto sobre los elementos que componen todo el andamiaje de dicha especialidad y su práctica. Con ello queremos decir que la Odorología desde un inicio tiene su problema planteado y sus finalidades. De igual manera, logra explicar todos los elementos que fundamentan científicamente la especialidad; esto es desde el levantamiento de una huella olorosa hasta la conservación de la misma y la capacidad olfativa del can para identificar a la persona cuya huella olorosa pertenece. Aunque existe un gran debate y desconfianza en el sector judicial sobre la capacidad olfativa del can entrenado al efecto y la validez del dictamen odorológico no se puede negar el carácter

analítico de la Odorología en todas las etapas de su aplicación. Lo cierto es que, en lo que al análisis se refiere, existen quienes consideran que el perro se guía por un institnto y no por un análisis racional dada su condición de animal, por lo que no deberían formularse conclusiones rotundas sobre la base de un instinto animal. Aunque de este tema hablaremos más adelante en otros capítulos, debemos destacar aquí que el dictamen odorológico es mucho más que eso y se fundamenta en un trabajo analítico previo y posterior a la intervención canina.

4. Es *especializada* en tanto la unidad de sus métodos de estudios y la pluralidad de técnicas de aplicación permiten una independización y particularidad entre las demás ciencias. Al respecto podemos decir que la Odorología es sin duda alguna una especialidad. consecuentemente no puede ser ejercida por cualquiera, aún cuando tenga bastos conocimientos de la misma. Para ser odorólogo se requieren estudios y conocimientos exactos, así como ejercitación práctica tanto del futuro especialista como del operador del Derecho que apreciará y valorará el dictamen correspondiente en el proceso penal. Inclusive, hasta el can utilizado en esta especialidad requiere características biológicas específicas y

un amplio y agudo entrenamiento especializado, pues no todos los canes que operan en la técnica canina están aptos para fungir como instrumento en esta especialidad.

5. *Claridad y precisión*: El conocimiento científico procura constantemente la precisión. Posee una técnica única para encontrar errores. La Odorología, tanto en su doctrina como en su praxis, comprende métodos de reducción de posibles errores al máximo posible. Para ello se fundamenta en las condiciones atmosféricas del lugar del suceso a la hora de llevar a cabo el levantamiento de la huella olorosa así como el estado de conservación de las mismas y las características biológicas del can a utilizar en la identificación correspondiente de los sospechosos. El informe pericial odorológico no consiste en suposiciones o especulaciones sino en conclusiones precisas sobre si el acusado estuvo o no en el lugar del suceso delictivo. Además de preciso, este informe, cúspide de toda la actividad pericial odorológica aplicada a un caso delictivo concreto, posee claridad ya que no debe dar lugar a dudas ni a la reproducción de otros hechos por estar circunscrito a los límites de objetividad que impone el propio hecho delictivo objeto del proceso penal correspondiente. De esta manera

podemos decir que la precisión y la claridad, como es típico de toda práctica especializada forense, es el pilar metodológico de la Odorología.

6. Toda ciencia es *comunicable* en tanto es expresable y pública. Al respecto, la información obtenida en la investigación odorológica es una condición necesaria para la verificación de los datos empíricos y las hipótesis científicas. Los estudios odorológicos y la experiencia acumulada por sus expertos se comunica por medio de exposiciones teóricas, conferencias, documentales y muestras prácticas en espacios académicos y científicos. En ello también influyen los artículos y libros que sobre este tema se publican cada año.

7. La ciencia es *verificable* en cuanto debe aprobar el examen de la experiencia, o sea, sus hipótesis pueden ser puestas a prueba. En el tema en cuestión, la Odorología desarrolla sus postulados doctrinales sobre la base de ser comprobados en su metodología y aplicación. Esto significa que la doctrina odorológica se puede contrastar en la práctica y generar un juicio de validez en los expectantes, ya sean expertos o no en el tema.

8. Es *metódica*. Toda ciencia posee sus propios métodos de estudio y de aplicación. Dichos métodos son los que establecen el orden de actos para materializar la doctrina correspondiente a dicha ciencia en la práctica por medio de un caso concreto a solucionar. Conforme a esta idea anterior podemos decir que los especialistas en Odorología no trabajan a oscuras o al azar, sino que saben lo que buscan y cómo encontrarlo por medio del uso de métodos y técnicas exclusivas y generales. Todo trabajo de investigación odorológica se fundamenta en el conocimiento anterior y en particular sobre las conjeturas mejor confirmadas. Así la Odorología, en lo que su aplicación práctica se refiere, está minada de métodos cuyo cabal respeto se exige para evitar cualquier margen de error posible. No obstante, la metodología a la que hace referencia la ciencia para adquirir tal condición no se circunscribe solamente a los métodos prácticos sino también a los métodos teóricos y de investigación científica. En lo que respecta a estos últimos (Métodos teóricos y de investigación científica propios y exclusivos) poco se ha avanzado en los estudios odorológicos. Ello constituye entonces un verdadero *talón de Aquiles* para quienes

intentan fundamentar el carácter de ciencia independiente de la Odorología Criminalística.[3]

9. Es *sistemática* en tanto no es un agregado de informaciones inconexas, sino un agregado de informaciones conectadas lógicamente entre sí. La Odorología posee categorías conectadas entre sí como lo son el perito especialista, el can adiestrado, la huella olorosa, el lugar del suceso, entre otras. Entre todas estas categorías se establecen relaciones lógicas que dotan a la Odorología de fundamento teórico y obligan a valorar sus postulados seriamente. El conocimiento odorológico es fundamentado y sistematizado por medio de la elaboración constante de teorías doctrinales sobre la base de la experiencia empírica. Estas teorías doctrinales refutan aquellas que resultan obsoletas y por medio de la contradicción aparente con las mismas se concatenan al punto de formular otras teorías superiores e hipótesis más acabadas. Así se descubren las leyes científicas odorológicas y se plantean los problemas fundamentales del conocimiento odorológico. Con todo esto queremos decir que

---

[3] Respecto a este criterio consideramos que al menos la publicidad y comunicación de estos métodos es bastante escasa e insuficientemente fundamentada en los espacios destinados al efecto.

la sistematicidad es importante para el tracto del desarrollo científico de la Odorología hacia un estadío de madurez científica y su reconocimiento.

10. Es *general* en tanto ubica los hechos particulares en pautas generales y los enunciados particulares en esquemas amplios. Ello se explica en la creación de leyes propias del saber científico y el establecimiento de problemas científicos y teorías odorológicas, tal y como mencionamos en el párrafo anterior.

11. La ciencia es *legal* por cuanto busca leyes y las aplica insertando los hechos particulares en pautas generales. La Odorología busca constantemente sus propias leyes, tema que también considero deficiente en los estudios odorológicos. Poder explicar las leyes científicas de la Odorología es crucial para demostrar su carácter de ciencia independiente; pues de lo contrario cualquier intento de trascendencia científica será fallido si no estipulan cuáles son las leyes que rigen el conocimiento odorológico y su práctica.

Hasta aquí hemos valorado las características de toda ciencia que pueden ser, de una forma otra, aplicadas a la Odorología. A estas pudiéramos sumar la *utilidad* y el carácter *explicativo* como otros atributos. No obstante, existen algunas posiciones contrarias a este criterio fundamentalista que se oponen, lógicamente, a que se considere como ciencia a la Odorología. Para ello establecen, entre otras razones que estudiaremos más adelante, el hecho de que, a diferencia de toda ciencia, la Odorología no es *predictiva*. Ello quiere decir que no predice los comportamientos sociales ni los fenómenos que conforman su objeto de estudio. Ello no quiere decir que la Odorología no sea útil, pero su finalidad la enmarca en los límites de una técnica criminalística y no de una ciencia tradicional.[4] Esta situación que hemos expuesto a modo de ejemplo es expresión del partidismo científico que existe entorno a la discusión del carácter de ciencia o saber científico que se le debe atribuir a la Odorología. Esta contienda no es novedosa,

---

[4] Al respecto debemos aclarar que la mayoría de las ciencias forenses se caracterizan por ser más descriptivas que predictivas. Ello no significa que no sean potencialmente predictivas. En el caso de la Odorología el peritaje se torna potencialmente predictivo por medio de su función preventiva ya que se enfoca en un suceso pasado y las circunstancias en el que el mismo ha sucedido; pero previene a su vez de las posibilidades de que este suceso se repita en similares circunstancias. No obstante, resaltamos que ciertamente su finalidad principal es determinar e identificar los sujetos que han estado presente en el lugar del suceso delictivo.

pues ya desde la segunda mitad del siglo pasado algunos como CHIKANOV se manifestaban férreamente en contra del fundamento científico y veraz de la Odorología. Al respecto planteaba que "la Odorología Criminalística podrá recibir derecho a existir como componente de la Técnica Criminalística, sólo cuando logre desarrollar métodos instrumentales de investigación del olor, y hasta la fecha, en calidad de tal "instrumento", se emplea a un perro y por ello no existe la tal llamada Odorología Criminalística".[5] Otro que también arremetió fuertemente contra la Odorología desde sus primeros momentos fue PROTOPOPOV quien manifestó en más de una ocasión que "la identificación odorológica de una persona en la actualidad resulta imposible y la emisión de dictámenes periciales al respecto no sólo resulta dudoso si no también ilícito".[6] Así resulta evidente que toda discusión respecto al valor que se le atribuye al dictamen odorológico en el proceso penal siempre ha partido y debe partir de un examen de su dimensión científica y los problemas que se plantean en el marco de dicha

---

[5] CHIKANOV citado por Филов, П.Н.: *Características Forenses de los rastros de olor en la investigación de delitos.* Instituto de Derecho Chelyabinsk. Ministerio del Interior de Rusia. 2006.
[6] *Ibídem.*

dimensión. Conforme a esto antes dicho, todo proceso de valoración del dictamen odorológico estará condicionado material y dialécticamente, en primera instancia, por la postura de dicho sujeto en el partidismo científico odorológico y sus propias experiencias de vida, profesionales y académicas. Sobre este aspecto reflexionaremos más detalladamente en los siguientes epígrafes de este capítulo.

1.1. Reseña histórica del surgimiento y desarrollo científico.

El surgimiento de la Odorología Criminalística no ha quedado realmente definido de manera unánime y exacta por los especialistas en esta materia, al menos en cuanto a momento histórico se refiere. Lo cierto es que las relaciones entre los seres humanos y los canes describen un origen más antiguo pues el can fue el primer mamífero que el hombre logró adiestrar con fines prácticos (cacerías, rastreos de personas desparecidas, etc.) al convertirlo en un instrumento de utilización que con el decursar del tiempo se fue introduciendo en los cuerpos de investigación de muchos países del mundo. Por estas razones, si tuviéramos que definir un antecedente remoto de la Odorología tendríamos que definirlo desde el mismo momento que el hombre prercibió la capacidad olfativa de los canes y lo útil que ello podía ser para múltiples faenas. Un segundo momento o antecedente remoto debería ser marcado desde el momento en el que el hombre incorpora esta capacidad animal en sus funciones de rastrear seres humanos por distintas razones. Ya desde la época medieval, quizás desde antes, se utilizaban los canes para rastrear prisioneros fugitivos y criminales tras recibir noticias de los mismos. Un tercer momento o antecedente debe marcarse a partir de que se utiliza el adiestramiento del can especializado para identificar al sujeto tras presentársele una muestra de huellas olorosas. Ello significa desde el nacimiento mismo de la técnica odorológica.

Gran parte de la doctrina le atribuye a HANS GROSS, criminalista austriaco considerado el padre de la Criminalística, la iniciativa de usar en 1896 doce perros entrenados para el trabajo policiaco. A partir de ahí se considera el inicio de la técnica de rastreo de criminales por parte de la policía, utilizando para ello canes entrenados durante largos periodos de tiempo y con un desarrollo de habilidades y determinadas condiciones físicas que lo hacían exclusivos para esta tarea entre sus semejantes. Otros consideran que realmente GROSS no fue más que un introductor del aspecto indiciario de la aplicación del can durante la persecución de prófugos de la justicia. Independientemente de las disquisiciones doctrinales al respecto de la autoría de tal invención, lo importante fue que tanto Gross como otros sirvieron de inspiración y punto de reflexión para que en 1908 se fundara la "Sociedad rusa para la introducción de perros en la Policía y en el servicio de vigilancia". Ese mismo año, en el marco de dicha fundación se publicó la revista *Notas de la Policía* en la que se publicitaban las ventajas del uso de canes en la actividad policial. Esta metodología se fue extendiendo paulatinamente por toda Europa desde los países bálticos que fueron los pioneros en practicarlas. Como resulta evidente, los criterios en contra de la efectividad de esta técnica naciente fueron surgiendo y el debate se fue dirigiendo ahora sobre la perdurabilidad de la huella olorosa en las prendas de los prófugos y en los lugares donde estos estaban siendo rastreados. Se consideraba entonces que causa de los resultados negativos que muchas veces se experimentaban durante el rastreo se debía a ello. Fue así que el interés por conocer y estudiar la perdurabilidad de un rastro de olor se hizo latente entre los académicos y científicos. Claro está que una cosa conllevó a la otra porque para indagar sobre el rastro de olor se necesitaba llegar a su esencia y buscar ahí la información necesaria para perfeccionar la técnica de rastreo. Es así que los estudios se redirigen hacia la huella olorosa específicamente. A pesar de tantas disquisiciones doctrinales, fueron varias las academias que se crearon para el entrenamiento de perros de rastreo. Entre estas podemos citar la "Escuela militar central de perros de servicio" que en un primer momento tuvo carácter experimental. Durante toda la primera mitad del siglo XX los esfuerzos científicos se enfocaron en estudiar al máximo todas las propiedades de la huella olorosa y su manifestación en el medio ambiente con relación a las superficies. Con ello queremos significar que ya en el gremio criminalístico se tenía clara la idea de que el olor de las personas era único e inconfundible. La cuestión radicaba entonces en determinar cómo hacer más perdurable la huella en una superficie natural(lo cual era ilógico) o contar con instrumentos más agudos de detección de olores. Esta segunda opción fue la más viable por lo que los estudios encaminados a determinar instrumentos de detección de olores superiores a los del olfato canino se iniciaron inmediatamente. Los resultados fueron evidentes. No existía un instrumento más agudo que la naríz canina. Además, los especialistas de la República Democrática Alemana ya habían llegado a la conclusión de que la recolección de las huellas olorosas directamente sobre el objeto portador era mucho más efectiva que obtener una muestra de aire del lugar del hecho con las presuntas moléculas olorosas del comisor del delito. Entonces la cuestión ya no sería el ¿qué? sino el ¿cómo?. Con esto queremos decir que la atención científica se centró a determinar entonces una metodología que permitiera tomar las huellas olorosas en cualquier tipo de ambiente y conservarlas de la menor manera posible para que posteriormente el perro pudiera identificarla. La década de los años 60 fue la del furor investigativo en busca de dotar de metodología la noción odorológica que ya se había desarrollado, al menos teóricamente. La investigación más seria conocida al respecto la desarrollaron los Doctores BEZRUKOV, VINBERG, MAYOROV y TODOROV. Estos, por encargo de la Cátedra de Criminalística de la Escuela Superior del Comité para la Seguridad del Estado (KGB) de la URSS debían determinar un instrumento más efectivo que el can, pero la trascendencia de estos está en haber dado a su investigación el enfoque criminalístico pertinente. Esto es decir, haber dotado de cuerpo y fundamento a la Odorología que desde entonces ellos acuñaron de criminalística. Sus estudios sobre Odorología criminalística no fueron publicados hasta finales de la década del 60.

En esta misma década, como ya habíamos hecho mención, otros se interesaron también por la búsqueda de un instrumento que permitiera conservar e identificar las huellas de olor de una manera igual o más efectiva que la conocida hasta entonces. Entre estos también se destacó el científico ruso ANDREW DRAVNIEKS quien desde su graduación de doctorado por la Universidad de Illinois en 1966 se dedicó por entero a la faena en cuestión. Su mayor mérito fue el haber fundado por esos años el Centro de Ciencias del Olor que posteriormente se denominó Instituto de ciencias olfatorias y haber construido un instrumento llamado Olfanómetro presentado al gremio científico en 1985. Este intrumento permitía comparar cromatográficamente los olores detectados en un local con los de una persona. Se considera que fue DRAVNIEKS quien le dio sentido y cuerpo técnico a la Odorología criminalística. En otras palabras, fue este quien dio continuidad a la labor científica de BEZRUKOV, VINBERG, MAYOROV y TODOROV. Durante la década de los años 70 el tópico odorológico forense fue centro de muchos espacios de debate como revistas, reflexiones académicas y eventos científicos. Tal fue así que para 1976, durante el Congreso Internacional de Cinólogos en Budapest, Hungría, el tema de la Odorología criminalística fue el hipocentro de atención y debate. Ya para junio de 1993 se estaban realizando los primeros trabajos orientados a la organización de un Laboratorio de Odorología en los marcos del servicio de investigaciones biológicas del Centro Estatal de Peritajes Criminalísticos del MVD de Bielorrusia. Para estos años los especialistas de Berlín y los de Leipzing retomaron el trabajo de GROSS y desarrollaron la metodología para la conservación de las muestras de olor de una manera bastante significativa.

Aquí en Varsovia, Polonia, a pesar de las dificultades que impuso el reajuste económico, político y social de la sociedad capitalista naciente, en apenas un año y medio (Mitad de 1992 y hasta 1994) se crearon aproximadamente 18 laboratorios de Odorología y hasta el año 2000 ya los polacos poseían más de 35 laboratorios.

En resumen podemos decir que a finales del siglo. XX (década de los años 90) el debate entorno a la Odorología se centró en la validez jurídica y legal del dictamen odorológico en el proceso penal. Ello se debió a dos razones fundamentales: por un lado, por el desconocimiento del sector judicial y los restantes operadores del Derecho sobre los fundamentos científicos de la Odorología y, por otro lado, los pocos fundamentos doctrinales y reflexiones científicas al respecto desde las ciencias jurídicas y sociales afines. Así podemos decir que la segunda mitad del siglo XX es donde la Odorología se robustece como técnica o especialidad, especialmente entre los años 1960-1993. Es en este periodo donde la práctica odorológica alcanza su visibilidad y fundamenta su utilidad social. A partir de entonces, las críticas constantes a su admisión en el proceso penal como medio de prueba han obligado a los odorólogos a fundamentar más detalladamente la Odorología en cuanto su objeto de estudio, leyes y principios de funcionamiento. Es así que han surgido hipótesis, teorías y cuestionamientos que han influido grandemente en la atención académica y la investigación científica de diversos tópicos odorológicos.

En Cuba, a pesar de que existían perros mudos domesticados por los aborígenes a la llegada de los colonizadores españoles, no fue hasta la introducción del esclavismo que se utilizaron perros preparados para la búsqueda y caza de negros cimarrones.[7] Posteriormente fueron utilizados en los cuerpos policiales, especialmente como acompañantes de los oficiales de guardia llamados popularmente *cabo ronda* en los poblados y ciudades. Con esta práctica se inicia un proceso de especialización del can ya que se diferenciaban por sus características biológicas y capacidades particulares como resistencia, olfato, etc. Ya desde mediados de los años sesenta, en la Cuba postrevolucionaria, se utilizan los perros entrenados para la custodia de nuestras fronteras y dada la efectividad de este método, el empleo de canes fue extendiéndose al resto de los órganos del MININT,[8] especialmente en la PNR[9] para la búsqueda del rastro dejado por los autores de los delitos en el lugar de los hechos, la detección de drogas, explosivos, entre otros usos. Los especialistas cubanos manifiestan que los primeros conocimientos ya especializados sobre la identificación del olor surgieron en la

---

[7] Son conocidos como cimarrones aquellos esclavos que huían de sus barracones hacia el monte en busca de libertad. Con este término se identificaban estas personas que desarrolllaban su vida en completo aislamiento en la selva con contactos mínimos o nulos con otros seres humanos. A veces solamente se relacionaban con otros cimarrones con los que fundaban pequeños bateyes.
[8] Ministerio del Interior.
[9] Policía Nacional Revolucionaria.

década de los años 70 y 80 comenzándose a desarrollar las primeras ideas, conceptos, principios y fundamentos teóricos-prácticos en la policía a finales de la década de 1980 con el objetivo de su introducción en la práctica pericial. Con este propósito un grupo de especialistas de esta disciplina se dio a la tarea de crear la metodología del entrenamiento de los canes (hembras), adquirir y desarrollar los medios para la colección y conservación de los olores en el lugar del suceso, el diseño de las instalaciones para ejecutar la preparación de los canes así como el archivo de huellas e impresiones olorosas. Fue entonces que a comienzos de 1991 se ejecutaron las primeras pruebas de terreno para el método.[10]

De esta manera, la Odorología criminalística o forense, como algunos prefieren llamarla, se presenta en el siglo XXI como un saber científico en busca de una categoría de ciencia independiente. Hoy los debates no se centran fundamentalmente en el valor legal o jurídico de la Odorología, sino en su explicación científica y el descubrimiento de sus leyes de comportaminto.[11] Es presisamente este último

---

[10] *Ibídem.*
[11] Ello no significa que se haya extinguido todo debate sobre la idoneidad del dictamen odorológico y su inclusión

punto el más debilitado en la fundamentación científica de la Odorología por parte de los expertos o especialistas en esta materia. Esta debilidad a la que hacemos mención se expresa más claramente en la carente bibliografía existente al respecto de las leyes científicas, las categorías y las teorías científicas odorológicas.

Ahora bien. Si tuviéramos que vaticinar el futuro de la Odorología tendríamos que decir que la misma en su estadío actual de saber científico se encuentra en medio de un proceso dialéctico que romperá las trabas que impiden su correcta fundamentación al menos en su dimensión científica. Ello quiere decir que la búsqueda de fundamentos y las contradicciones aparentes que describe la teoría general odorológica no son más que la síntesis de los saltos que dicho saber dará como parte de su desarrollo y proceso de madurez doctrinal. Es por eso que no se puede realizar otro pronóstico que la buena salud de la que goza hoy la doctrina odorológica y que cada vez será mejor.

---

como medio de prueba en el proceso penal, de hecho todavía existe. Lo que queremos significar aquí es que la búsqueda de una respuesta o explicación a las críticas que ha recibido la Odorología han obligado a los especialistas a ahondarse más en los preceptos científicos y doctrinales que fundamentan este saber.

1.2. Principios generales.

Cuando se hace referencia a los principios de la Odorología se alude a aquellos postulados iniciales en los que se establece, explica y comprende el sistema de relaciones entre sus categorías científicas. Desde esta perspectiva doctrinal los principios odorológicos se convierten en elementos normativos y reguladores de la conducta heurística. Es decir, como eslabones que conducen a un nivel más complejo y acabado de su expresión teórica y práctica. En este mismo sentido, los principios odorológicos se expresan como los límites teóricos en los cuales el odorólogo puede ejercer sus funciones de manera legal y ética.

Desde otra concepción, ya más empírica, los principios odorológicos son también comprendidos como condiciones o puntos de partidas necesarios e imprescindibles para el proceso de aplicación y efectividad de la Odorología (principios de funcionalidad). Ello quiere decir que desde esta acepción los principios odorológicos son aquellas condiciones necesarias para poder aplicar de manera efectiva en la práctica las relaciones que se establecen entre las categorías odorológicas.

Una última concepción a la que queremos hacer mención es aquella que describe los principios odorológicos como condiciones históricas iniciales que resultan necesarias para el desarrollo del peritaje odorológico. Es decir, condiciones históricas necesarias sin las cuales no puede aplicarse la Odorología en toda su extensión. Estos principios son los que hemos dado a llamar principios históricos de iniciación odorológica.

Ahora bien, aunque hemos establecido tres grandes criterios de clasificación para principios odorológicos no quiere decir que deban comprenderse de manera aislada o antagónica, pues realmente estos principios se religan y en muchos casos pueden ser repetitivos en algunas de estas clasificaciones. Lo cierto es que para su mejor comprensión proponemos que se analice cada uno desde esta metodología. Así, al estudiar los principios odorológicos estos deben ser divididos en tres grandes grupos fundamentales a saber: principios teóricos, principios empíricos y principios históricos de iniciación odorológica.

Algunos de los principios teóricos de la Odorología, si bien que no son todos, son: *buena fe, objetividad, imparcialidad, Legalidad,*

Humanismo y solidaridad, Funcionalidad, Sana crítica, Transdisciplinariedad, Justicia y equidad y Sostenibilidad.

La buena fe o *bona fedi* es un principio funcional que se traduce como el actuar sano y transparente del odorólogo durante el proceso del dictamen pericial. Conforme a este principio el especialista en Odorología, motivado por la presunción de inocencia[12] del encausado en el proceso penal, debe actuar de manera profesional sin malicia de algún tipo. Sus intenciones deben ser única y exclusivamente contribuir con la identificación de los sujetos presentes en el lugar del suceso delictivo o con cualquier otra misión que se le haya asignado por parte del órgano jurisdiccional correspondiente. Cuando el odorólogo está motivado con otros fines o intenciones ajenas a las antes descritas se considera jurídicamente una causa de recusación por cualquiera de las

---

[12] La presunción de inocencia en el proceso penal es uno de los megaprincipios del Derecho Procesal Penal que rige durante todo el desarrollo del proceso hasta que se dicta la sentencia por parte del órgano jurisdiccional correspondiente. Conforme a este principio todo acusado o encausado en su caso se presume inocente hasta que no se demuestre lo contrario y se dicte sentencia condenatoria contra este. Mientras tanto goza de determinados privilegios y facilidades de defensa y contradicción contra quien acusa.

partes del proceso penal, precisamente por no obedecer a este principio básico que es la buena fe.

Por su parte, el principio de *objetividad* se concibe como un derivado del principio de *buona fedi*. Ello se debe a que no puede existir buena fe en un perito que no realiza sus funciones de manera imparcial. Este planteamiento es importante porque tanto el principio de objetividad como el de buena fe suelen recibir erróneamente el mismo tratamiento y confundirse muchas veces uno con otro por parte de los especialistas y académicos. La Objetividad hace referencia al pensar del perito odorológico en el marco de sus funciones, pero también incluye su actuar consagrado a la verdad y solo la verdad requerida. Un perito puede actuar de buena fe pero sin la objetividad requerida. Por eso, aunque para algunos se trate de los mismo, la objetividad tiene una amplitud mayor que el principio de la buena fe porque lo comprende y lo exterioriza mediante el sistema de acciones concatenadas que conforman el desarrollo del dictamen pericial odorológico. Claro está que no puede existir objetividad donde no hay buena fe y ello convierte a este último en una condicionante o antesala de la objetividad y el principio de imparcialidad que estudiaremos a continuación.

Por tanto, el principio de objetividad obliga al perito a actuar conforme a elementos prácticos y objetivos y niega toda posibilidad de establecer conclusiones fundamentadas en suposiciones, supersticiones e ideas imaginadas sin fundamentos o elementos de prueba material.

La *imparcialidad* se comprende como el actuar desinteresado del perito odorológico por alguna de las partes del proceso penal. Ello significa que el perito debe, ante todo, establecer un compromiso con la búsqueda de la verdad independientemente de su simpatía, impresiones o sentimientos surgidos hacia alguna de las partes. Un ejemplo bastante usual en los procesos penales es el hecho de que muchas veces el perito se siente afectado por la crueldad del caso que le ha tocado investigar, especialmente cuando la víctima ha sido un menor o una persona discapacitada o en evidente desventaja respecto al autor del delito. En este supuesto y otros similares el perito debe evitar cualquier influencia externa como la opinión pública y de los medios de comunicación, su experiencia de vida e identificación con la víctima, perjuicios o cualquier otra circunstancia o elemento que lo pueda parcializar y romper el sentido objetivo y la buena fe de su actuación.

La *legalidad* como principio de la Odorología debe ser entendida desde dos ámbitos. Por un lado, como sujeción y respeto absoluto de la doctrina odorológica a sus leyes teóricas y de funcionamiento. La Odorología debe obedecer a leyes científicas y nos corresponde a los académicos de esta especialidad el descubrimiento de las mismas. Por otro lado, debe entenderse la legalidad como el respeto a la ley, a la norma jurídica. Ello significa que el actuar del perito odorológico debe estar enmarcado dentro de los límites de las disposiciones jurídico-legales destinadas al efecto. Estas pueden ser, a modo de ejemplo, la Carta magna de un país, (Constitución de la República), una ley procesal penal o un reglamento institucional. En la mayoría de los textos legislativos procesales se recoge la posibilidad de anular un dictamen pericial o su valor probatorio si se comprueba que este fue realizado fuera de los marcos de la ley, inclusive, muchos ordenamientos recogen como causa de impugnación o casación el hecho de que la sentencia condenatoria o absolutoria del tribunal de menor rango se haya fundamentado esencialmente en un dictamen pericial realizado fuera de los marcos o parámetros establecidos por la ley. Ello ocurre especialmente, reiteramos, si ese dictamen fue esencial para la formación de la convicción judicial en el caso concreto.

La Odorología es intrínsecamente funcional. Su utilidad está dada por los aportes que puede realizar al esclarecimiento del suceso delictivo mediante la identificación de las personas. De ahí que el principio de *funcionalidad* sea lógicamente uno de sus principios categóricos. Conforme a este principio, el dictamen odorológico debe ser funcional a los objetivos por los que fue solicitado. Aquí entra a escena otro principio que es la *necesariedad*. Este último se traduce en que el dictamen odorológico debe ser necesario para el esclarecimiento de los hechos. Conforme a este, el dictamen odorológico será realizado solamente si resulta necesario a los fines del proceso penal; de ahí que podamos afirmar que la Odorología se aplica siempre que sea necesaria y funcional a los fines específicos del proceso penal concreto. Ello no quiere decir que la Odorología sea intermitente en su funcionalidad porque constantemente está en desarrollo doctrinal y su filosofía se fundamenta en criterios, cada vez mayores, de utilidad social. La funcionalidad y la necesariedad siempre van de la mano y se complementan en cuanto una sirve de fundamento a la otra. La Odorología es funcional porque es necesaria y es necesaria porque resulta funcional. Cuando un dictamen odorológico no es necesario por existir pruebas suficientes contra el imputado, como por ejemplo en los delitos *in fraganti*, no es loable considerarlo no funcional; pues aún cuando no sea necesario en un caso concreto seguirá siendo funcional por sus fundamentos científicos. Por eso podemos decir que el principio categórico de funcionalidad es condición y antesala del principio odorológico de necesariedad.

La Odorología es una ciencia regida en todo momento por el *principio de humanismo y solidaridad*. Este se expresa en dos sentidos, uno objetivo y otro subjetivo. Desde el punto de vista objetivo el humanismo se manifiesta en que es una sapiencia propia de los hombres, es decir, desarrollada por hombres independientemente de la intervención del can. Por lo tanto, el ser humano es el protagonista de esta ciencia. El investigador, el técnico o especialista odorólogo, el criminal a identificar e inclusive la huella olorosa humana son algunos de los elementos sin los cuales no pudiera hablarse hoy de Odorología. Desde el punto de vista subjetivo el principio de humanismo y solidaridad se interpreta como el tratamiento humano y digno de los encausados o acusados por el simple hecho de su condición humana. También se comprende como el trato digno, por tal condición antes señalada, entre superiores y subordinados en las distintas cadenas de mando que se establecen en el ejercicio pericial odorológico.

Ahora bien, el tema del humanismo es muy interesante en el saber odorológico, especialmente en los momentos actuales de desarrollo científico de esta especialidad, ya que su inobservancia durante muchos años y su incorrecta interpretación ha alimentado el debate sobre si la Odorología, independientemente de que sea conciderada una ciencia o no, debe ser incluida en las ciencias sociales, en las ciencias forenses o ambos.[13]

Por último quisiéramos hacer referencia a *la solidaridad* como parte de este principio. Aunque algunos consideran que se trata de un principio diferente hemos querido aquí tratarlos como un par unísono por las relaciones intrínsecas entre ambos. Aún así ello no significa que ambos signifiquen lo mismo. La solidaridad se expresa como la cooperación necesaria entre todos los elementos humanos e instituciones que de alguna manera u otra se relacionan en el

---

[13] Sobre este tema reflexionaremos más detalladamente en otros epígrafes del presente capítulo.

dictamen odorológico. Esta puede ser académica o asistencial. Lo importante es que dicha cooperación se manifiesta motivada por la voluntad humana y no por razones fácticas ajenas a la misma.

La Odorología es un saber que se fundamenta también en la crítica y un marcado carácter activo. Ello hace de la *sana crítica* un principio odorológico trascendental. Conforme a este principio, la Odorología trasciende más allá de lo que un saber puramente descriptivo, como muchos piensan que es. La Odorología en sus postulados y su metodología comprende criterios de análisis y crítica constructiva. Esta última se fundamenta en el aporte valorativo de las conclusiones y recomendaciones de sus especialistas en el proceso penal concreto. El odorólogo tiene facultades para establecer opiniones, sugerencias y críticas constructivas siempre que estas estén fundamentadas en los criterios especializados y no personales. Aunque en los procesos penales suele circunscribirse la presencia de los peritos solamente para dar una información escueta sobre los resultados del dictamen, hay que destacar aquí que es erróneo por parte de los operadores del Derecho no aprovechar la opinión especializada del Odorólogo para enriquecer la convicción judicial con criterios especializados más allá de los límites del dictamen solicitado. Conforme al principio de la sana crítica el odorólogo contribuye en sus exposiciones y su actuar mismo a la apreciación de todos aquellos elementos del caso concreto que resulten novedoso a su esclarecimiento. De esta manera, si por medio del dictamen odorológico es observable algún aspecto o elemento que no había sido valorado por otros peritos de diferentes especialidades o tomado en cuenta en el juicio oral el odorólogo puede llamar la atención al respecto o establecer recomendaciones para los peritos de las otras especialidades.[14]

Por su parte, el principio de *transdisciplinariedad* se manifiesta en la actividad odorológica y su teoría general mediante el fundamento de sus postulados a partir de ciencias afines. De esta manera en la resolución de los problemas que plantea el conocimiento cintífico odorológico y su aplicación suelen aplicarse leyes y métodos comunes a otras ciencias y saberes científicos.

---

[14] Un ejemplo, bastante común, puede ser el hecho que durante la inspección en el lugar del suceso el odorólogo, durante el levantamiento de la huella olorosa, observe elementos de prueba que puedan ser útiles para otros peritos de diferentes especialidades y estos no hayan apreciado aún.

La justicia y la equidad son principios básicos de todo proceso penal y, por qué no, del Derecho en general. De ahí que todo saber científico y ciencia que de alguna manera u otra se vincule con las ciencias jurídicas contemple, al igual que estas, a la justicia y la equidad como principios supremos. En el caso de la Odorología se expresa la justicia como consecuencia de la observancia del principio de legalidad y humanismo, por un lado, y, por otro lado, mediante el respeto a los principios jurídicos que se derivan de la propia concepción jurídica de la justicia y la equidad. Un ejemplo de ello puede ser la observancia del principio de objetividad y de presunción de inocencia.

La equidad se contempla en el sentido jurídico y en la propia Odorología como el trato igualitario, sin preferencias o discriminaciones de ningún tipo entre los diferentes encausados en el tratamiento pericial odorológico.

La sostenibilidad se define como aquel principio referido a la preservación constante y sostenida del medio ambiente natural y urbano durante el desarrollo del dictamen pericial odorológico. Mediante este principio el perito odorológico, durante el levantamiento de la huella olorosa en el lugar del suceso, procura no contaminar el medio ambiente y actuar en este de manera que afecte en lo mínimo el sentido sostenible que debe caracterizar a todo operador forense en el lugar del suceso para así contribuir a la preservación medioambiental para las futuras generaciones.

Hasta aquí hemos valorado algunos de los principios teóricos generales de la Odorología, si bien que no son todos. No obstante, para entender su funcionalidad en un estudio preliminar consideramos que estos son suficientes.

Ahora bien, los principios funcionales son aquellas pautas necesarias para el correcto funcionamiento de la práctica odorológica. Es decir, son aquellas condiciones necesarias para que la aplicación práctica de la teoría odorológica sea efectiva. Sin la observancia de los principios funcionales la Odorología dejaría de ser funcional porque estos son los que determinan el tránsito odorológico desde la teoría a la práctica efectiva. Entre los principios funcionales odorológicos podemos encontrar los principios de *capacidad*, *disponibilidad*, *prontitud* y de *concatenación*.

La *capacidad*, en tanto principio odorológico, se traduce como la aptitud y acondicionamiento necesario para la aplicación efectiva del conocimiento odorológico en la realidad objetiva y material. Este principio debe ser comprendido, además, desde dos vertientes: una objetiva y otra subjetiva. Desde su vertiente objetiva la *capacidad* se manifiesta cuando el odorólogo, ante un caso concreto, posee todas las condiciones materiales y de utilería o instrumental necesarias para desempeñarse en el dictamen pericial. La ausencia o carencia de herramientas necesarias y una deficiencia en las condiciones materiales del perito odorólogo afectan indiscutiblemente la verificabilidad de las leyes científicas de la Odorología en la práctica. De ahí la importancia de la observancia del principio en cuestión. No obstante, cuando se hace referencia a esta vertiente objetiva de la capacidad también se incluyen aquellos supuestos en los que no se poseen todas las condiciones materiales pero estos son posibles de obtener de manera relativamente fácil a tiempo y en forma para el desarrollo del dictamen odorológico. Desde su vertiente subjetiva el principio de capacidad se comprende como la aptitud intelectual y psicológica del perito odorológico para llevar a cabo el dictamen pericial. Con ello queremos significar que la preparación profesional, calificación educativa, experiencia y condiciones psicológicas son determinantes también para la eficacia de la aplicación del conocimiento odorológico en la práctica especializada.

Por su parte, el principio funcional odorológico de *disponibilidad* debe ser entendido como la disposición de las fuerzas necesarias a desplegar para el desarrollo del dictamen odorológico en cada caso concreto. Ello quiere decir que no basta con tener las condiciones materiales necesarias y personal calificado para desarrollar el dictamen pericial odorológico si el personal no es suficiente. Es por ello que el principio de disponibilidad recae esencialmente sobre la disposición de personal suficiente y de reserva para el desarrollo del dictamen pericial odorológico. Ahora bien, no debe confundirse la "disponibilidad" con la "disposición", pues la disposición se refiere a la voluntad sana y de buena fe del perito odorológico para desarrollar el dictamen pericial de la mejor manera posible, aún cuando no posea todas las condiciones materiales para ello. En cambio, la disponibilidad se refiere a la real prontitud y posibilidad de uso del personal calificado necesario para el desarrollo del dictamen pericial odorológico. Es por ello que no resulta desacertado afirmar que no basta con la disposición, pues muchas veces, por ejemplo, un perito odorólogo puede tener la disposición máxima de participar en un dictamen pericial y transmitir su experiencia pero no estar disponible para ello por disímiles razones laborales, personales o de otras índoles. Entonces podemos decir que sin disponibilidad la Odorología también se torna infuncional.

En lo que se refiere al principio de *la prontitud* podemos decir que es un principio funcional de gran embergadura y se traduce como la acción rápida y pronta de personalización del perito odorológico en el lugar del suceso para llevar a cabo su inspección. De lo rápida que sea esta acción antes mencionada depende la eficacia de la inspección, ya que las mismas condiciones climatológicas, atmosféricas y hasta la propia intervención humana pueden contaminar o hacer desaparecer las huellas olorosas en el lugar del acto delictivo.

Por su parte, el principio de *concatenación odorológica,* se comprende como la relación lógica e indisoluble entre todas las categorías científicas de la Odorología. Ello significa que las categorías científico-odorológicas se encuentran conexas conformando una unidad expresada en un sistema lógico y hermenéutico de funcionalidad. Sin el can necesario para el dictámen odorológico no es posible un resultado confiable, como tampoco ello sería posible sin el perito odorólogo o sin el levantamiento de la huella olorosa, por ejemplo. No obstante, entre el perito y el can se requiere una relación especial de confraternidad e identificación necesaria para el desarrollo correcto de un dictamen odorológico. De igual manera sucede entre el correcto proceso de levantamiento de la huella de olor y la muestra de olor tomada a los imputados. Todo el proceso del dictamen odorológico está constituido por un conjunto de actos sucesivos en el tiempo tendientes a un fin mediato determinado (independientemente de los fines inmediatos que persiga cada acto) regido por las leyes, métodos y principios básicos de la Odorología. Cada uno de estos actos que conforman el desarrollo del dictamen odorológico se concatenan de manera tal que la deficiencia de uno de ellos puede poner consecuentemente en riesgo de ineficacia los restantes pasos o actos a ejecutar durante la realización del dictamen. Este principio de concatenación debe tenerse en cuenta a la hora de trazar el plan de trabajo por parte del equipo que ejecutará el dictamen pericial odorológico.

La concatenación odorológica también se manifiesta en los diferentes escalones de mando que se establecen en la organización del dictamen pericial odorológico. Por medio de estos escalones se establecen las jerarquías y se planifica la cooperación necesaria entre los peritos y las instituciones pertinentes al desarrollo del dictamen odorológico, así como que se fijan las reservas personales y materiales para eventuales sucesos inesperados que puedan afectar el normal curso del dictamen pericial. En ese andamiaje estructural que se establece en la planificación del dictamen pericial odorológico se establecen y planifican las relaciones personales y de comunicación, así como la jerarquía de voluntades y de mando de manera que todo y todos queden relacionados como un sistema, un verdadero equipo y eso también es concatenación.

Ahora bien, tomando en cuenta el concepto de principios históricos de iniciación odorológica expuesto anteriormente en esta obra podemos determinar a estos como aquellas condiciones objetivas y subjetivas que deben estar creadas previamente (de ahí el calificativo de *histórico*) para que se pueda efectuar el dictamen odorológico conforme a las leyes, principios restantes y métodos de la Odorología. Entre estos podemos encontrar *el principio de aprovechamiento de las condiciones climatológicas y geográficas* y el de *no intervención a la atmósfera del lugar del suceso.*

Respecto al primero de estos debemos destacar que el aprovechamiento de las condiciones climatológicas y geográficas adquieren su carácter de principio histórico en cuanto la inobservancia de este puede influir y determinar la eficacia del dictamen pericial, específicamente en lo que al levantamiento de la huella olorosa se refiere. El clima influye notablemete en la conservación de la huella olorosa, lo que facilita su levantamiento durante la inspección al lugar del suceso, tal y como veremos en otros epígrafes de esta obra. Entonces, para asegurar una inspección efectiva, se requiere aprovechar las condiciones climatológicas antes que estas sufran variaciones sustanciales como pueden ser elevación drástica de la temperatura, lluvias, acción del viento sobre el lugar donde se halla la huella olorosa, etc. En lo que respecta a las condiciones geográficas la suerte del dictamen pericial, en cuanto su eficacia, será la misma si no se aprovechan las condiciones geográficas como son la humedad de los terrenos, tipos específicos de suelos que permiten una mayor conservación de las huellas olorosas si se preservan adecuadamente, altitud respecto al nivel del mar, etc.

Ahora bien, respecto al principio histórico odorológico de *no intervención a la atmósfera del lugar del suceso* podemos definirlo como aquella condición previa necesaria para que el dictamen odorológico se lleve a cabo en su fase de inspección del lugar del suceso y que se traduce en la manipulación mínima o nula del lugar del suceso donde se va a desarrollar el levantamiento de las posibles huellas olorosas. Ello significa que la preservación de la atmósfera comprende mucho más de lo que la prevención de posibles cambios climatológicos o desaprovechamiento de las condiciones geográficas. De esta manera la manipulación atmosférica por la acción del hombre puede dar al traste con la eficacia del dictamen odorológico. Un ejemplo claro y bastante usual es la presencia de olores fuertes como combustibles y pesticidas en el lugar del suceso o simplemente la ventilación artificial recirculable en locales cerrados. En resumen podemos decir que la preservación correcta de la atmósfera del lugar del suceso y el aprovechamiento de las condiciones climatológicas y geográficas en el lugar del suceso son condiciones imprescindibles necesarias para el correcto levantamiento de la huella olorosa y la eficacia del dictamen odorológico correspondiente. Estas adquieren entonces el carácter de condiciones históricas porque deben existir necesariamente antes del levantamiento de la huella olorosa y al momento de la inspección del lugar del suceso.

Analizados algunos de los principios básicos de la Odorología Criminalística estamos en condiciones de indagar más sobre los restantes fundamentos científicos sobre los que se erige este saber que para muchos ya alcanza la categoría de ciencia.

1.3. Factores que ayudan a la obtención de la huella.[15]

- Buena preservación (es relativa por lo explicado anteriormente ya que se puede levantar olor de un lugar que no esté debidamente preservado).
- Noches frescas y húmedas. Generalmente en las noches los olores se perciben con mayor intensidad. Ello se debe a que la disminución de la temperatura permite la

---

[15] Al respecto vid: AGUILAR AVILÉS, DAGER: *Temas de Odorología forense para Juristas y estudiantes de Derecho.* Ed. Grupo Eumed. Universidad de Málaga, España. 2010. P. 44-45.

preservación de las moléculas de olor, contrario al calor que inside en su deterioro y la influencia de diversos fenómenos atmosféricos, a veces imperceptibles por los sentidos humanos.

- Terrenos húmedos.
- Terrenos arcillosos, labrados, zonas boscosas y sembradas.
- Locales cerrados.

1.4. Factores que inciden negativamente en la toma de huellas olorosas.[16]

- Mala preservación, sobre todo del lugar específico donde se va a tomar la huella.
- Hora del día (temperatura). La hora del día es importante ya que en dependencia de esta puede variar el clima y con ello las condiciones atmosféricas y geográficas. Por ejemplo; en las mañanas y en la noche las huellas olorosas se preservan mejor y resulta más fácil levantarlas en el lugar del suceso. En cambio, en horas cercanas al medio día o en la tarde resulta más condensada la atmósfera y la temperatura es más elevada, por lo que incide más negativamente en la

_____

[16] *Ibídem.*

preservación de la huella de olor. Además, en lo que se refiere a las variaciones atmosféricas, las mañanas suelen ser más estables, sin embargo en los países tropicales y subecuatoriales por ejemplo, las tardes suelen ser más variables y con lluvias en determinadas estaciones del año. En los climas fríos y templados las variaciones atmosféricas suelen suscitarse generalmente de igual manera en las tardes.[17]

- Presencia de olores fuertes derivados de combustibles, ácidos, tabaco, pesticidas y otros, que afecten el lugar de la huella.
- Lluvia caída sobre el lugar de la huella después de producida.
- Locales cerrados pero con ventilación artificial recirculable.
- Acción del viento sobre el lugar donde se halla la huella, por lo que hay que tener en cuenta la teoría dinámica de la física.

---

[17] Ello no significa que sea una regla general, pero sí es bastante usual que sea en las tardes las que más variación atmosférica y de temperatura se experimente.

2. Problemas que plantea la Odorología en su dimensión científica.

Como hemos visto anteriormente la Odorología comprende varias dimensiones, de las cuales la científica es la más importante. En la hermenéutica odorológica el conocimiento teórico asume un rol esencial por cuanto posibilita la comprensión, explicación y comunicación de los postulados científicos odorológicos. De ahí que el estudio de la dimensión científica odorológica sea obligatorio para todo aquel que se interese en el estudio de esta técnica criminalística. Como todo saber en proceso de madurez científica, la Odorología plantea problemas fundamentales a resolver. Estos problemas científicos son resultado de las propias contradicciones prácticas y teóricas que expresa la Odorología a la hora de explicar la cualidad de sus categorías científicas y la forma en que estas se relacionan. Es por eso que es precisamente en esta dimensión donde se concentra su problema fundamental. El hecho que denominemos como fundamental un problema científico no significa que se trate del problema principal o del problema más grande entre todos los que existan en el marco odorológico, sino que hacemos referencia a los problemas de los cuales parten las contradicciones teóricas y prácticas independientemente de la embergadura de estas o no.

Hablar hoy de Odorología implica inmediatamente tomar postura entre los diferentes extremos en los cuales se diluye. De ahí que en la búsqueda de un fundamento jurídico-legal y práctico–social los académicos y especialistas en esta especialidad hayan asentado sus esfuerzos en explicar dos problemas fundamentales de la Odorología a saber:

- La cuestión sobre sus fundamentos científicos doctrinales y leyes de comportamiento científico.
- la cuestión sobre su naturaleza científica.

2.1. La cuestión sobre sus fundamentos científicos-doctrinales y leyes de comportamiento científico odorológico.

La cuestión sobre los fundamentos científicos-doctrinales y las leyes de comportamiento científico odorológico son sin lugar a dudas el primer problema que se plantea en la hermenéutica odorológica. Todos los problemas epistemológicos, filosóficos y deontológicos de la

Odorología conllevan tarde o temprano a esta cuestión antes mencionada. Pocos son los escritos que intentan resolver esta cuestión y los estudios aún siguen chapoteando sobre los fundamentos legales y jurídicos de la Odorología cuando su esencia está en la correcta interpretación, explicación y comunicación de sus fundamentos desde su dimensión científica. Una vez resueltos estos problemas quedarán solucionados por transitividad los demás, especialmente aquellos que se plantean desde otras dimensiones como la jurídica-legal y la práctica-social. Ello no significa que se agoten todos los problemas científicos, pues como expresión de la dialéctica del conocimiento odorológico surgirán nuevas contradicciones y problemas científicos y con ellos nuevas teorías que devendrán en el descubrimiento de nuevas leyes de su comportamiento y así se desarrollará el conocimiento odorológico hacia un estado superior tanto en su filosofía como en su práctica.

Ahora bien, la primera cuestión o problema a resolver es la referente a si la Odorología es una ciencia propiamente dicha o un saber científico. Este partidismo el cual se expresa en cuanto foro hemos tenido la posibilidad de participar es mucho más complejo de lo que aparenta. Los que califican a la Odorología como un saber científico plantean que realmente esta no adquiere todas las características propias de una ciencia, ya que todavía no se han descrito sus leyes científicas ni la relación entre sus categorías. También manifiestan estos que no se han elaborado teorías científicas odorológicas contundentes en el plano doctrinal. Conforme a estos criterios la Odorología no pasa de ser una técnica criminalística que responde, en cánones generales, a la metodología y teoría criminalística. Conforme a ello, considerar a la técnica odorológica una ciencia implicaría entonces que todas las demás técnicas habría que considerarlas ciencias igual ya que describen los mismos o similares patrones derivados de la teoría y metodología criminalística. Por estas razones se considera a la Odorología un saber científico con particularidades que lo diferencian de otros saberes pero que no lo fundamentan aún como ciencia independiente. Por otro lado, están quienes consideran a la Odorología una ciencia propiamente dicha y para ello alegan que posee una Teoría General en la que se formulan su objeto, sus tareas, sus objetivos y el lugar que ocupa en el sistema de conocimientos; así como porque elabora sus propios medios y métodos técnicos y sus procedimientos tácticos, sobre la base de la adaptación en forma creadora de los logros de otras ciencias, entre ellas las naturales y las técnicas. Además, porque tiene una fundamentación filosófica. Hasta aquí consideramos que es cierto lo expresado por este segundo criterio que aplaude el carácter de ciencia de la Odorología. No obstante, consideramos que ello no significa que tengamos que considerar a la Odorología una ciencia independiente, pues estas son características propias de todo saber científico. También es cierto que aunque la Odorología posee métodos de aplicación práctica o técnica de su contenido y teoría no es suficiente para considerarla ciencia independiente ya que estos también deben describirse en el sentido de métodos prácticos y métodos de investigación científica, así como métodos teóricos del conocimiento odorológico. No significa que no existan sino que intentamos aquí hacer un llamado a la búsqueda y elaboración de los métodos y teorías científicas; así como despertar el interés por el descubrimiento de las leyes científicas odorológicas. Mientras los estudios se fundamenten exclusivamente en la metodología práctica la Odorología seguirá siendo vista por especialistas, académicos y jueces como una técnica de la Criminalística. Es por ello que cuando se inician estos debates aquellos que aplauden el carácter de ciencia de la Odorología quedan prácticamente sin fundamentos al no poder explicar fehacientemente las leyes, teorías y métodos de investigación científica propia de la Odorología; así como describir el comportamiento de la dialéctica del conocimiento odorológico y la forma en que se establecen las relaciones entre sus categorías científicas. Somos del criterio que si una crítica debemos hacernos los amantes y estudiosos de la Odorología es precisamente esa: el no haber indagado más en los problemas fundamentales de su dimensión científica

Ahora bien, nuestra posición no está en los extremos de este partidismo filosófico respecto al carácter científico de la Odorológia. Nosotros adoptamos una postura ecléctica, y no necesariamente por cobardía científica, sino porque consideramos que cada postura antes descrita es relativa y no absoluta. En este sentido queremos significar que la Odorología, ante todo, goza de buena salud y en su momento actual de desarrollo científico debe ser catalogada como un saber científico en proceso de maduración hacia lo que será una ciencia independiente. Aunque aún falta para llegar a ese estadío el camino recorrido por los estudiosos en su intento de explicar y fundamentar ese saber no es inútil ya que forma parte de la propia dialéctica del conocimiento odorológico. Lo que hoy es contradicción será génesis de dudas y de ahí surgirán las teorías y sus respectivas hipótesis. Estas al ser contrastadas en la práctica permitirán el descubrimiento de las leyes científicas que enriquecerán el arsenal de la doctrina odorológica. Así, sucesivamente irá revolucionando ese saber científico. También somos del criterio que enmarcarse de forma extremista sobre si la Odorología es un saber científico o una ciencia independiente es inverosímil. Ello porque a fin de cuentas toda ciencia fue previamente un saber científico. Lo loable sería considerarla un saber científico en proceso de desarrollo filosófico hacia una ciencia independiente y, sobre esta base, buscar sus fundamentos doctrinales y prácticos.[18]

---

[18] Manejamos el criterio que en lo que respecta a los fundamentos prácticos de la Odorología se ha avanzado mucho más, ya que estos son evidentes y empíricos sin lugar a dudas. No obstante, la debilidad existe a la hora de explicar científicamente la filosofía y génesis del conocimiento odorológico. No se trata de explicar cómo se hacen las cosas ni de dónde vienen las cosas, sino explicar cómo se establece la relación dialéctica entre las categorías científicas del conocimiento odorológico y la filosofía de su aprehensión.

2.2. La cuestión sobre su naturaleza científica.

La cuestión sobre la naturaleza científica de la Odorología es un problema fundamental pero derivado, en parte, de la propia cuestión estudiada en el epígrafe anterior. Antes de iniciar el análisis correspondiente a los problemas referidos a la naturaleza científica de la Odorología debemos dejar claro qué es la naturaleza científica. Por tal debemos entender la clasificación de una ciencia dentro de un grupo de ellas atendiendo a su esencia, métodos, leyes de comportamiento y otras particularidades científicas. Así es como se agrupan finalmente las ciencias en grupos de conocimiento. Es por ello que podemos hablar hoy de ciencias sociales, ciencias exactas, ciencias biológicas, entre otras. A su vez, dentro de estos grupos se conforman subgrupos más específicos teniendo en cuenta su naturaleza científica, por ejemplo, dentro de las ciencias sociales se encuentran las ciencias jurídicas, ciencias políticas, ciencias económicas, etc. En el tema que nos ocupa, la Odorología, esta cuestión es bastante debatida. Para algunos la Odorología como saber científico debe ser enmarcada dentro de la Criminalística como una técnica más y, por ende, estaríamos hablando de la Odorología Criminalística. Para otros, como ciencia independiente, debería ser considerada una ciencia forense. Existen otros criterios que la circunscriben dentro de las ciencias jurídicas, especialmente en su rama penal por el hecho de que esta es auxiliar del Derecho Penal y el Derecho Procesal Penal y precisamente en el proceso penal es que cobra vigencia y utilidad. También hay quien la posiciona entre las ciencias sociales por tener como objetos fundamentales al hombre y sus cualidades, además de circunscribirse y fundamentarse en un fenómeno social que es el delito. Así son varias las posturas respecto a la naturaleza científica de la Odorología. Independientemente de que algunas de estas posturas sean más absurdas que otras consideramos que el criterio más acertado, por el momento, es el de considerar a la Odorología una técnica criminalística y denominarla como tal: Odorología Criminalística.

Hasta aquí hemos visto dos de los problemas fundamentales de la Odorología criminalística desde su dimensión científica pura. Ahora corresponde analizar otros problemas fundamentales que se plantean por el gremio odorológico internacional respecto a sus otras dimensiones. Es por ello que en los restantes capítulos de esta obra estudiaremos cada dimensión con sus fundamentos correspondientes y los problemas fundamentales que se plantean desde las mismas. En tal sentido, visto la dimensión científica, continuaremos por la dimensión práctico-social.

Capítulo II: Dimensión Práctico-social.

Sumario:

1.Dimensión práctico-social: Concepto.

La dimensión práctico-social de la Odorología es aquella que se expresa o manifiesta en su ámbito empírico o práctico. Es decir, todas aquellas manifestaciones empíricas del conocimiento odorológico. Como es evidente esta comprende todo el proceso de aplicación o materialización de la doctrina odorológica. Es precisamente en esta dimensión donde se manifiestan los principios funcionales de la Odorología y los principios históricos de iniciación ya estudiados en esta obra. Entonces podemos afirmar que la dimensión práctico-social de la Odorología es el terreno en el que se manifiestan también y se comprueban las leyes científicas así como las hipótesis odorológicas. Así la dimensión práctico-social abarca desde la ralización del dictamen pericial odorológico (desde sus fases iniciales) hasta su proyección social.

1.1. Fundamentación práctica de la Odorología forense.

Si tuviéramos que comparar esta dimensión respecto a las restantes podríamos afirmar sin temor alguno que esta es la dimensión más trabajada y mejor estudiada en la actualidad.

Esta situación no es casual, pues desde los primeros momentos del surgimiento de la Odorología las manifestaciones de desconfianza hacia la misma florecieron precisamente en esta dimensión. Los odorólogos tuvieron que iniciar haciendo Odorología desde la práctica misma y el experimento. Es por ello que fue esta dimensión la que más rápido se desarrolló. Posteriormente, cuando se iniciaron en varios países el uso de los dictámenes odorológicos en los procesos penales se iniciaron los cuestionamientos respecto a la credibilidad de los resultados obtenidos y, especialmente, por la presencia del perro como instrumento sensorial. Le correspondió a los odorólogos entonces fundamentar, sobre la base de los experimentos y la experiencia acumulada, la utilidad de la Odorología y la eficacia de los resultados alcanzados en cada dictamen concreto. Una vez vencido este reto, por parte de los odorólogos, se inició la inclusión del estudio de esta técnica en casi todas las facultades de Derecho, especialmente en América Latina y algunos países europeos. Los estudiantes de Derecho y los operadores jurídicos ya miraban con otros ojos la Odorología; no obstante, la desconfianza permanecía en menor grado al punto de considerarla relevante a la convicción judicial solamente cuando los resultados del dictamen odorológico coincidía con otros resultados de diferentes dictámenes como el dactiloscópico, fotográfico, etc.[19] Los propios abogados defensores y fiscales atacaban constantemente este tipo de dictámenes para rebatir su credibilidad y para ello una de las razones que casi siempre se emplea en los procesos penales es la imposibilidad de que un juez deposite su convicción por la decisión de un can que se ha hechado frente a un recipiente que supuestamente posee una huella de olor. Pero el problema se suscitaba entonces en cómo el juez que había formado su convicción judicial sobre el resultado del dictamen odorológico podía fundamentar su sentencia conforme a este dictamen.[20] Es así que entonces la atención, en

---

[19] Aunque esta situación persiste en los tribunales no podemos negar que ha disminuido significativamente.

[20] En el Derecho Procesal Penal rige el principio conocido como *Sana Crítica*, el cual establece que el juez en su sentencia debe explicar o fundamentar por qué estima algunos elementos de prueba y rechaza otros en el proceso de formación de su convicción judicial. En el caso de los dictámenes periciales debe fundamentar igualmente por qué los estima fehacientes en la formación de su convicción. En muchos estudios que tuvimos la posibilidad de realizar con anterioridad a la realización de esta obra pudimos percatarnos de que la mayoría de los jueces desechaban el dictamen pericial odorológico por no tener conocimientos suficientes sobre las cualidades olfativas del perro, por ejemplo, o de los fundamentos científicos y

aras de contribuir con la justicia, se centra en los fundamentos teóricos de la Odorología y así empieza a aumentar el interés por la dimensión científica y las restantes. De lo que no cabe dudas es de que la dimensión práctico-social es esencial en los estudios odorológicos pues, a diferencia de otras ciencias y saberes científicos en los que la práctica se convierte en un criterio valorativo y comprobable de la teoría, aquí la práctica odorológica y su proyección social han sido por muchos años el cimiento o bastión de este saber. Con esto no queremos decir que toda la práctica y metodología odorológica no haya estado precedida por un fundamento teórico sino que, a diferencia de otros saberes científicos, la Odorología ha tenido que demostrar previamente su utilidad práctica y sobre esta desarrollar o rudimentar sus postulados teóricos. Analicemos entonces a continuación algunos de los fundamentos prácticos (lo cual no quiere decir

---

teóricos de la Odorología. Es por estas razones que muchos preferían no fundamentar su convicción judicial sobre la base de un dictamen odorológico y desestimarlo. Solamente lo tomaban en cuenta cuando este coincidía, como ya habíamos dicho, con varios dictámenes de diferentes técnicas criminalística. *Vid*: Aguilar Avilés, Dager: *"La Odorología criminalística y su valor en el proceso penal"* tesina de diploma para obtener el grado de Licenciado en Derecho. Presentada el 4 de julio de 2007. Facultad de Derecho de la Universidad de La Habana. La Habana, Cuba. 2007.

que no sean científicos) de la Odorología. Para ello iniciaremos por las características de las sensaciones olorosas y el olor.

1.1.1. Características de las sensaciones olorosas y del olor.[21]

No se puede iniciar un estudio teórico sobre la Odorología criminalística sin antes analizar la piel y la huella olorosa como elementos esenciales de este saber científico. La piel es el órgano más grande del cuerpo humano y se caracteriza por su elasticidad. Por su posición externa tiene la función de cubrir y proteger la superficie del cuerpo, además de servir como un regulador de la temperatura corporal debido a la acción constante de los capilares sanguíneos y las glándulas sudoríparas. Así, según varíe la temperatura, estos capilares sanguíneos se abren o se contraen para liberar el calor o mantener el calor corporal respectivamente. También se ha comprobado que la piel humana constantemente esta secretando y creando

---

[21] Lo refrente a este epígrafe ha sido fundamentado tomando como base exclusiva la Tesis doctoral del Dr. Marcos Molina Waldemirof(uno de los precursores de la Odorología criminalística en Cuba). Vid: MOLINA WALDEMIROFF, MARCOS: *La Identificación criminalística de las personas por la Odorología*. ISMI. La Habana. Cuba. 2008.

sustancias olorosas en forma líquida en algunos casos y gaseosa en otros. Estas sustancias suelen quedar impregnadas a determinadas superficies cuando tienen contacto con la piel o están próximos a ella. Por ejemplo, las glándulas sebáceas que producen el sebo o grasa cutánea, que previene de la infección de bacterias y las pérdidas de agua.[22] Lo cierto es que toda la superficie externa de la piel está recubierta por una mezcla grasosa compuesta de sebo, sudor, células epidérmicas exfoliadas y otros ingredientes adicionales de orden externo. En esta mezcla podemos encontrar aminoácidos, urea, ácido úrico, acido láctico, amoníaco, triglicéridos, ácidos grasos libres, alcoholes céreos, esteroles, fosfolípidos, pentosas, polipéptidos complejos y otras diversas sustancias. Es precisamente toda esta combinación de sustancia la que da lugar al olor humano.

Dentro de toda esta mezcla antes descrita queremos resaltar la importancia del sudor. El sudor tiene la función de limpiar, lubricar y proteger la piel de los cambios de temperatura enfriándola al evaporarse. Existen dos glándulas sudoríparas, las llamadas ecrinas y las

---

[22] La cantidad de sebo producida está influenciada por el sudor o por trastornos emocionales.

apocrinas. Ambas segregan sudor pero se diferencian en su localización en el cuerpo, el contenido y en la inervación. También la tensión psíquica o intelectual, como se le conoce, produce emociones como el miedo y la alegría y con ello la secreción sudorípara; aunque la cantidad y características de este sudor no influye considerablemente en la temperatura corporal ya que es breve y culmina cuando concluye el estímulo psicógeno.

Varios son los estudiosos que han experimentado la identificación de los sujetos a partir del sudor. Entre estos podemos citar GARY MONG[23] y DALE PERRY.[24] De esta manera ha quedado demostrado que en cada sujeto las emanaciones olorosas adquieren características particulares respecto al resto de la humanidad.

En la formación del olor humano intervienen también sustancias del metabolismo del individuo, las cuales proceden de la síntesis o degradación de diversos productos que el sujeto consume (alimentos, bebidas, medicamentos,

---

[23] Investigador del Pacific Northwest National Laboratory, (Washington) (The Harvard University Gazzette Digital,1999)
[24] Destacado investigador del Instituto Lawrence Berkeley National Laboratory (Edit. Monell Chemicall Senses Center,2002),

drogas). En este sentido son las sustancias tóxicas las que se excretan por la piel y otros órganos excretores y forman también el olor interno del individuo. No obstante, existen olores provenientes del medio ambiente que suelen quedar impregnados en la piel de los individuos, en dependencia de dónde interactúe esa persona. Estos son los llamados olores externos. Ejemplo de estos son el olor de una vaquería o de una gasolinera. También forman parte de los olores externos aquellos que el individuo se frota en la piel voluntariamente como suelen ser los provenientes de perfumes, jabones, cremas, medicamentos, etc. Lo importante de estos olores externos es que cuando se mezclan con los olores internos del individuo conforman un complejo de olores típico de esa persona y ello lo diferencia del resto de las personas y no existe posibilidades de que se repita en otro individuo.[25]

Existe además una clasificación de olores, con siete olores primarios y de sus combinaciones y mezcla se pueden obtener infinidad de olores, los cuales se perciben no por su composición sino por la forma y medidas de las moléculas y en algunos casos por la carga eléctrica que posea determinado olor. Con todo esto queremos decir que el ser humano deja su olor por donde quiera

---

[25] No importa que las personas sean gemelos univitelinos, pues aún así describirán olores diferentes.

que camine o interactúe. Ese olor es como una especie de cuño químico que permanecerá en las superficies donde haya interactuado el sujeto por un periodo de tiempo determinado, dependiendo de las características de la superficie y las condiciones climatológicas y atmosféricas. Es precisamente a ese cuño químico al que se conoce como huella olorosa y, como tal, dicho olor será propio y único en el individuo desde su nacimiento hasta su muerte.

Ahora bien, si bien es importante el estudio de la huella olorosa y el olor propiamente dicho, también es importante la manera en que ese olor es percibido por el organismo de manera natural. Esta capacidad se lleva a cabo por medio del sistema sensorial. Este, por medio de los receptores sensoriales, recibe y capta los estímulos medioambientales. De esta manera cada especie de organismo posee un sistema sensorial más o menos desarrollado con respecto a otros organismos. Lo cierto es que todos los organismos lo poseen. Este sistema le permite adaptarse a las características de su medio ambiente circundante y de su *hábitat*. Mientras que los murciélagos desarrollan, por ejemplo, la audición como parte de su sistema sensorial los seres humanos desarrollan preferentemente la visión y actúan conforme a esta. No obstante, los perros desarrollan el olfato y actúan preferentemente guiados por este. De esta manera los perros poseen uno de los mejores sensores biológicos de olor conocidos hasta la fecha. Es así que los canes se convierten en animales de preferencia a la hora de determinar la fuente productora de un olor. Esta preferencia además esta dada por la pequeñez del lóbulo olfativo del hombre en comparación con el lóbulo olfativo de los animales invertebrados y vertebrados los cuales poseen mayor capacidad sensorial de olfato.

1.1.2. Estructura anatómica y funciones fisiológicas del olfativa del perro.[26]

El perro posee en su hocico un canal nasal en cuyo extremo se encuentra la trufa. Esta parte negra y voluminosa (la trufa) posee dos narices bien abiertas que permiten y facilitan el proceso de respiración y captación de olores. La trufa siempre se mantiene húmeda y fría para transmitir la humedad a la mucosa y a los cornetes nasales. Además sirve de filtro de

---

[26] Lo refrente a este epígrafe ha sido fundamentado tomando como base exclusiva la Tesis doctoral del Dr. Marcos Molina Waldemirof(uno de los precursores de la Odorología criminalística en Cuba). Vid: MOLINA WALDEMIROFF, MARCOS: *ob. Cit.*

terminadas partículas tóxicas para el organismo y la inspiración del aire limpio. Esto se logra por medio de los vórtices que forman las narices del perro lo cual obliga a las columnas de aire a pasar por pliegues que se encuentran por todo el conducto nasal y sirven también de filtro. Las volutas etmoides(otros pliegues encontrados también en toda la cavidad nasal) son las encargadas de percibir los olores mediante la fijación y descomposición de las partículas de olor más impactantes para los centros nerviosos olfativos. Por su parte, las fibras nerviosas olfatorias se encuentran precisamente en una membrana mucosa amarilla que ocupa casi la mitad de la región nasal. Todas estas características permiten al perro ir directamente hacia su objetivo de manera segura guiándose solamente por su olfato.

Los perros poseen alrededor de 225 000 000 de células olfatorias a diferencia del hombre que posee de 15 a 20 000 000. Estas cifras nos permite afirmar que el perro ve por la nariz. De esta manera por el olor puede diferenciar el estado anímico de un animal y la distancia del mismo.

Ahora bien, para la Odorología cualquier perro no resulta útil. Este debe ser sano mental y físicamente, con atención médica y acostumbrado a trabajar en horarios de las mañanas preferentemente. También se requiere que el can se halle ajeno a los locales de la técnica canina para evitar que se fatigue o excite, además de que adquiera fiereza. El can de Odorología debe ser muy paciente y pasivo.

1.1.3. Capacidades del olfato canino.

Uno de los aspectos más debatidos en la Odorología es la utilidad y efectividad del perro en la realización del dictamen. Por un lado se discute sobre el carácter esencial de su presencia para la realización del dictamen y, por otro lado, se discute también sobre su valor jurídico, especialmente en el proceso penal donde se rebate frecuentemente la confiabilidad de un dictamen resultado de la intervención de un perro. Respecto a estos dos aspectos debemos dejar bien claro que el can no es quien lleva a cabo el dictamen pericial, pues este es responsabilidad desde el principio hasta el final del perito odorólogo. Las conclusiones de todo dictamen odorológico se lleva a cabo por las personas sobre la base del análisis de los resultados y las condiciones en que este dictamen fue realizado para restar cualquier margen de error posible. Todo esto significa que el can es un instrumento más. Es decir, es un instrumento biológico, un sensor biológico utilizado para identificar olores ya que hasta la fecha el hombre no ha podido construir un sensor superior a ese. Hasta la fecha pocos son los reportes de errores en los dictámenes odorológicos ocasionados por equivocación del can; pues casi siempre los errores que se han detectado provienen de incorrecta manipulaciones por parte de los peritos. Igualmente, varios son los casos donde la única prueba obtenida ha sido una huella de olor y gracias al dictamen odorológico se ha podido dar solución al caso correspondiente. Para comprender la utilidad del perro como instrumento o sensor biológico de olores exponemos suscintamente algunas cualidades de su capacidad de olfato:

- Detecta la carne si se le envuelve 7 u 8 veces.
- Detecta el olor del rastro del amo entre 500 personas.
- En experimentos se ha demostrado que es capaz de encontrar una sola molécula olorosa en un litro de aire.
- Puede encontrar el olor buscado, dentro de centenares de olores distintos.

El can que se utiliza en la Odorología no es un can cualquiera. Este se somete a un entrenamiento de 12 semanas donde se emplean diferentes tipos de objetos con olores fuertes y atrayentes como son golosinas, vacíos, inclusive el olor de su amo y sus ayudantes, así como de otras personas de diferentes razas y edades. Así, en un orden ascendente de complejidad, se completa el adiestramiento hasta que el can esté listo para trabajar.

De igual manera los peritos especializados en Odorología deben poseer estudios calificados en esta especialidad y otras afines. El perito y su ayudante están en contacto directo con el perro desde el primer día de adiestramiento y entre ellos se establecen lazos muy profundos. Nadie conoce al perro tanto como el perito con quien trabaja.

Así queda claro que la Odorología posee una dimensión práctica muy bien fundamentada en la experiencia acumulada de muchos años de trabajo y todo un *backgrauond* teórico que le sirve como medio de soporte, comprensión, estudio, explicación y comunicación.

1.2. Fundamentación social de la Odorología forense.

La Odorología, como todo saber científico y toda ciencia, tiene una proyección social. Como ya habíamos dado a entender en esta obra, esa proyección social es la que sustenta su utilidad y muchos de los principios que refrenda. La proyección social de la Odorología no puede comprenderse sin el estudio y análisis de su dimensión práctica y es precisamente en el terreno práctico donde la Odorología comienza a cobrar vida y solucionar consecuentemente los problemas sociales que plantea. Para entender la proyección social de la Odorología hay que tener claro que esta intenta contribuir a la solución de un conflicto social que es el delito. Este conflicto se suscita desde el momento que el ser humano niega la norma por medio de un acto que ha sido previsto por la propia norma como un delito ya que lesiona o pone en peligro un bien jurídico. Con ello queremos decir que la razón de ser de la Odorología es precisamente contribuir a la solución de un conflicto social y por ello no puede verse tampoco divorciada de las ciencias sociales.

Ahora bien; ¿Cómo se proyecta socialmente la Odorología?. La respuesta a esta interrogante no es difícil de formular si tenemos en cuenta que el conocimiento odorológico se fundamenta desde un conflicto social y tiene como finalidad contribuir a su solución. Por medio de la Odorología se brinda, de alguna manera u otra, seguridad a la sociedad, se contribuye a la prevención delictiva y se agilizan los procesos penales. La Odorología también contribuye a la educación de la sociedad mediante la inculcación del respeto y el amor por los animales y el trabajo de cuidado ambiental y la sostenibilidad del mismo. También contribuye a la educación social mediante la formación de otros valores como el trabajo colectivo, la solidaridad y patriotismo.

El conocimiento odorológico se combina con otros conocimientos típicos de las ciencias sociales y contribuye a la ralización de los fines de estas. Ejemplos son la Sociología, las ciencias jurídicas, la Criminología, entre otras.

Entre los problemas que presenta la Odorología en su proyección social está el conocimiento de sus fundamentos por parte de la población. No queremos decir que toda la población tenga que especializarse en Odorología, pero es una

82

realidad qu los estudios teóricos de Odorología solamente se circunscriben a Facultades de Derecho, Criminología y escuelas superiores de Criminalística generalmente. Esta exclusividad influye en el trabajo de orientación vocacional y captación de personal adecuado para iniciarse en los estudios correspondientes. Una mayor divulgación de lo que es la Odorología y el desarrollo del dictamen pericial, la creación de exposiciones públicas y círculos de interés puede ser de mucha utilidad en la divulgación y comunicación del conocimiento odorológico y su proyección social.

Otro problema que plantea la Odorología en su proyección social se deriva precisamente de este que hemos expuesto anteriormente y es el desmérito popular inmerecido que muchas veces se intenta de inculcar en la población. Un ejemplo claro son los juicios orales. Generalmente los juicios orales son públicos. En ellos, en virtud del principio de publicidad, se permite a la población a asistir al debate oral que se entabla entre las partes y todo el proceso de valoración de los medios de prueba. Es muy común que los abogados defensores desacrediten las conclusiones periciales odorológicas alegando su inutilidad para la solución del caso concreto por medio de su

83

incredulidad y la duda respecto a la validez de la metodología utilizada para arribar a las conclusiones planteadas. Ante esta situación muy pocas veces, o casi nunca, los peritos odorólogos tienen oportunidad de rebatir estos planteamientos ya que su presencia en el juicio oral se limita muchas veces a dar las conclusiones. Supuestamente corresponde al fiscal o la parte privada rebatir estos argumentos, pero el desconocimiento impide muchas veces una correcta respuesta. En lo que más queremos llamar la atención es precisamente en la impresión de la población que ha presenciado estos debates y no se ha formado una idea clara de lo que es la Odorología o al menos de su utilidad. Lo peor de estos casos es lo que los especialistas de la comunicación social llaman "efecto campana" y es que una mala impresión o una idea distorsionada puede posteriormente propagarse de persona a persona cuando comente sus percepciones sobre el juicio oral. Consideramos que la solución más idónea para ello es la introducción en los juicios orales de peritos que asistan acada una de las partes y puedan establecer argumentos positivos o negativos (pero bien fundamentados) sobre el dictamen pericial odorológico de manera pública y clara para dar así una idea real a la porción poblacional que acude al juicio oral.

Capítulo III: Dimensión jurídico-legal.

Sumario:

1. **Dimensión Jurídica de la Odorología. Concepto** *1.1. Validez jurídica y legal del dictamen pericial odorológico durante las fases preliminares del proceso penal. 1.2. El dictamen odorológico como medio de prueba en el proceso penal.*

1. Dimensión Jurídica de la Odorología. Concepto.

Hasta el momento hemos analizado suscintamente las dimensiones científica y práctico-social de la Odorología. En este capítulo abordaremos suscintamente también su dimensión jurídica. En esta ocasión, sin parecer egoísta, romperé los esquemas que impone la literatura científica y, en ocasiones, me dirigiré hacia usted, el lector, en primera persona del singular para reflexionar sobre esta dimensión sobre la base de mi experiencia personal como investigador, académico del Derecho y Fiscal. Ello resulta más loable para la comprensión y la explicación del tema objeto de este capítulo.

La dimensión jurídica de la Odorología se debe comprender como aquel ámbito específico de las ciencias jurídicas en el que se despliega el conocimiento odorológico en su práctica y su teoría. De ahí que la dimensión jurídica también sirva como fundamento teórico-práctico del saber odorológico. La Odorología criminalística se hace presente fundamentalmente en la rama jurídico-penal. Dentro de esta se materializa de manera más clara por medio del proceso penal y las leyes que lo regulan, especialmente a lo que a la participación del perito y la orden de peritaje se refiere. Ello no significa que su ámbito jurídico se limite al proceso penal, pues existen otras ramas jurídicas de las cuales se vale la Odorología para proyectarse en su dimensión jurídica. Un ejemplo puede ser el Derecho Constitucional conforme al cual ningún dictamen puede realizarse contrario a las leyes y principios de la carta magna nacional, salvo que el propio texto constitucional estipule lo contrario. Entonces, la legalidad, como principio rector del ordenamiento jurídico y de la Odorología misma, obliga a tener en cuenta también otras ramas jurídicas para la fundamentación del ejercicio odorológico. A modo de conclusión parcial podríamos decir entonces que la dimensión jurídica de la Odorología criminalística comprende el sistema de relaciones que surgen en el marco práctico de la Odorología expresadas en obligaciones, derechos y deberes y que son regulados por la ley. Así, cada acto realizado durante el desarrollo del dictamen odorológico y posteriormente en su respectiva apreciación y valoración en el proceso penal conforman el fundamento y la lógica de las normas jurídicas y legales que las regulan y viceversa.

1.1. Validez jurídica y legal del dictamen pericial odorológico durante las fases preliminares del proceso penal.

De todo lo expresado en el epígrafe anterior se infiere que si el conocimiento y el ejercicio odorológico lleva intrínseco un fundamento jurídico entonces debe tener, por transitividad, validez jurídica o, lo que es lo mismo, normas jurídicas recogidas en cuerpos legislativos que lo regulen. Es a partir de esa regulación legal que nace la legitimación jurídico-legal del ejercicio odorológico. Ahora bien, no debemos confundir *validez jurídica* de la Odorología con *legitimación jurídica* de la misma; pues, tal y como se infiere de lo anteriormente expuesto, la validez se refiere a la correspondencia que existe entre los principios odorológicos y jurídicos cuya combinación forma una armonía a partir de la cual nacen derechos, obligaciones, relaciones de poder-deber y responsabilidades entre todos los sujetos que de alguna manera u otra intervienen en el escenario odorológico previstas y reguladas por normas legales concretas. Todas estas relaciones a las que hacemos mención también se manifiestan en la posterior apreciación, discusión y valoración del dictamen odorológico realizado durante las fases preliminares del proceso penal. Ello quiere decir que entre los principios de uno y otro no existen colisiones o contradicciones significativas o antagónicas. En cambio, el término *legitimación jurídica* se refiere a la regulación legal o la expresión de esa armonía entre los principios odorológicos y jurídicos en cuerpos legislativos concretos. Esta diferencia es importante tenerla en cuenta, pues solamente mediante el conocimiento de estas diferencias y la armonía antes mencionada se puede comprender cómo el conocimiento odorológico y su aplicación se combinan en las ciencias jurídicas y se identifican potencialmente con estas.

Ahora bien, la legitimación y validez legal de la Odorología criminalística se expresa por medio del sistema de normas legales que, de manera coordinada y coherente, regulan el actuar de los sujetos que de alguna manera u otra se relacionan con el ejercicio odorológico. Estas normas legales, como ya dijimos anteriormente, son las que regulan todo ese sistema de relaciones y responsabilidades que devienen de la propia práctica odorológica. Nótese que hacemos alusión a un sistema de normas legales; y es que en el ordenamiento jurídico las legislaciones tienen un orden de prioridad en su aplicación y jerarquía en su interpretación. Por eso, sin ahondar mucho en este tema, podemos decir que las normas jurídico-legales que regulan el ejercicio odorológico y su ámbito de aplicación se relacionan de manera sistémica y en un orden jerárquico. Entre estas podemos encontrar las Constituciones Nacionales, leyes de procedimientos penales, reglamentos, decretos, circulares, etc,.

1.2. El dictamen odorológico como medio de prueba en el proceso penal.

El tema de la prueba en el proceso penal es bastante engorroso y debatido por todo el abanico de posturas doctrinales existentes respecto a la estructura del mismo y los conceptos fundamentales de la actividad valorativa que se desarrolla en él para la formación de una genuina convicción judicial. En este epígrafe intentaremos desarrollar algunas reflexiones respecto al dictamen odorológico y su armonía con las distintas categorías y concepciones que se manejan en el proceso penal moderno. Para lograr este objetivo tendríamos que iniciar por analizar qué es la prueba y su naturaleza jurídica.

El proceso penal se inicia con el recibimiento, por cualquier via, de la *notitia criminis*, por parte de las autoridades que establezca la ley; es decir, la noticia de la ocurrencia de un hecho que reviste los caracteres de delito. Tras la comprobación por las autoridades pertinentes de la ocurrencia del mismo y sus circunstancias, así como la identificación de los autores, se procede a la detención de los mismos y restantes involucrados, según sea conveniente para el posterior desenlace del proceso penal. Lo importante aquí es que en todo ese proceso la parte acusadora (generalmente el fiscal) debe acumular todas las pruebas posibles que le permitan fundamentar su acusación y destruir el estado de presunción de inocencia del que goza el imputado (carga de la prueba). No obstante, existen casos en los que la ley permite iniciar un proceso penal con la denuncia de las víctimas o quienes se consideran como tal en los casos de los llamados delitos privados o a intancia de parte (delitos de injuria, calumnia, etc).

De todo lo anteriormente planteado se desprende el papel esencial de la prueba en el proceso penal. Por prueba en el proceso penal se entiende *a los actos procesales regulados por la ley procesal penal que desarrollan las partes por iniciativa de aquélla a la que corresponde la función o potestad de ejercer la acción con la finalidad de que el órgano jurisdiccional adquiera la certeza plena y fundamentada sobre la hipótesis inculpatoria que conlleva la aplicación de la ley penal sustantiva, o en su defecto, declare la probabilidad de la tesis inculpatoria.*[27]

La definición de la prueba, vista desde esta perspectiva, esta mediatizada por otros dos conceptos: fuentes de pruebas y medios de prueba. Las fuentes de pruebas *"son los elementos de la realidad, que existen con independencia del proceso y son anteriores al mismo.*[28] Por su parte, los medios de pruebas son *la actividad procesal que es preciso desplegar para incorporar la fuente al proceso y por medio de la cual, llevar eventualmente a producir la convicción del Juez.*[29] Otro concepto de gran importancia para el análisis del ejercicio odorológico en los marcos del proceso penal es el de "objeto de la prueba". Por objeto de prueba debe entenderse *toda cuestión fáctica (positiva o negativa, física o psíquica) cuya averiguación y demostración (actividad probatoria) resultan necesarias (por el mismo carácter indirecto,*

---

[27] ARRANZ CASTILLERO, VICENTE: *La Prueba en el proceso Penal. Generalidades* en *Temas de Derecho Procesal Penal.* Ed. Félix Varela. La Habana. Cuba. 2003.
[28] SANTIAGO SENTIS, MELENDO; MONTERO AROCA, JUAN; FAIRÉN GUILLEN, VÍCTOR y De SANTO, VÍCTOR; entre otros. Citados por ARRANZ CASTILLERO, VICENTE: Ob. Cit.
[29] MIRANDA ESTAMPRES, MANUEL; VIADA, CARLOS; citados por ARRANZ CASTILLERO, VICENTE: Ob. Cit.

pretérito o hipotético del hecho), pertinentes y admisibles (por la juricidad de la prueba) para la aplicación de la ley penal sustantiva.[30] Ello significa que el objeto de la prueba es ante todo un hecho presidido por la voluntad humana (conducta) y suceptible de ser probado (probable y verosímil) mediante la demostración de las circunstancias en que aconteció el mismo. A partir de estos cuatros conceptos (prueba, fuentes de prueba, medios de pruebas y objeto de prueba) se comprende el sentido del dictamen odorológico como medio de prueba.

El dictamen odorológico comprende "básicamente" las siguientes pasos iniciales: el primer paso es en el que deben detectarse en el lugar del hecho aquellos sitios u objetos donde el autor haya estado o manipulado correspondientemente y que puedan ser útiles para el levantamiento de la huella olorosa. Como segundo paso se abre el frasco estéril (pomo de boca ancha) de donde se extrae con una pinza también estéril, una colchita o paño de fibras de algodón de 22 x 19 cm y se coloca sobre la superficie que tuvo contacto con el autor del hecho, dejándose allí por espacio de unos 30 minutos aproximadamente para que recoja los

---

[30] ARRANZ CASTILLERO, VICENTE: Ob. Cit.

olores existentes. Como tercer paso puede citarse el levantamiento de la huella olorosa.

Hasta este momento podemos comprender a simple vista que el hecho delictivo acontecido, en lo que respecta a las características descritas por la figura delictiva, conforma el objeto de la prueba. Cuando el perito odorólogo desarrolla el segundo y tercer paso antes descritos se considera que ha agotado las fuentes de prueba. La fuente de prueba no son todos los lugares y objetos que el perito inspeccionó sino aquellos de donde pudo obtener de manera efectiva al menos una huella olorosa. Un ejemplo pudiera ser el caso en el que se ha encontrado en el lugar donde se ha cometido un asesinato el arma homicida y una camisa del presunto autor. Al llevarse a cabo el dictamen odorológico se inspeccionan tanto la camisa como el arma homicida, pero solamente se obtienen huellas de olor en la camisa. En este caso hipótético la fuente de prueba es la camisa y no el arma homicida; aunque, claro está, quizás el arma homicida pudiera ser fuente de prueba para otras técnicas criminalísticas practicadas en ese mismo caso. En este sentido, el propio dictamen pericial odorológico es el medio de prueba por ser a través de él que se obtiene la huella olorosa y se realiza todo el proceso de identificación de los autores a partir de la misma. Ahora bien, la huella olorosa no es la prueba en sí hasta que no forme la convicción judicial. Tengamos presente que el juez, anclado en el principio procesal de sana crítica y aquel derivado de la máxima romana *res iudicata pro veritate habetur*, está obligado a exigir a la parte acusadora que pruebe sus alegaciones y que se construya el hecho objeto del proceso a partir de las pruebas acumuladas. De igual manera estos principios obligan al juez a fundamentar su decisión a partir de la explicación de las pruebas que asumió como relevantes y aquellas que desestimó. Esto lo volvemos a recalcar aquí porque es importante comprender que la identificación del autor gracias a la huella olorosa obtenida por el perito es solamente prueba cuando es relevante para el juez en su función de fundamentar su convicción judicial en su sentencia penal. Mientras tanto, esa huella olorosa no es más que un elemento de prueba. Así podemos decir que del lugar del suceso delictivo el perito odorólogo obtiene **elementos de prueba** (huella olorosa, las cuales son extraídas de **las fuentes de pruebas)**. Posteriormente, en el informe pericial del dictamen odorológico el perito expone sus conclusiones y estas pasan a ser parte del debate entre las partes respecto a su eficacia y pertinencia.[31] Producto de ese debate el juez forma su convicción del hecho delictivo y sobre su sentido de justicia amoldeado por la propia ley da su fallo y dicta su sentencia. Cuando fundamenta su sentencia y toma el informe pericial como fundamento de la misma entonces esa huella olorosa sobre la que se fundamentó el dictamen pericial deja de ser un elemento de prueba y pasa a ser prueba propiamente dicho. [32]

Ahora bien, normalmente se considera por muchos operadores del Derecho que la huella olorosa no es una huella fehaciente o creíble como puede ser una huella dactilar. Este pensamiento es totalmente erróneo pues, como ya hemos analizado en esta obra, el olor personal es único en cada individuo. También debemos destacar aquí el hecho de que la mayoría de los códigos procesales latinoamericanos son redactados de una manera

---

[31] Debe quedar claro que el debate entre las partes comprende muchos más elementos a discusión, pero a los efectos de esta obra nos centraremos solamente en el dictamen odorológico como medio de prueba.

[32] Así, lo que se presenta ante el juez son elementos de pruebas que se someten a su valoración mediante la discusión penal que establecen las partes. Cuando el juez las asume como relevante para la formación de su convicción judicial y lo fundamenta en su sentencia entonces el elemento de prueba deja de ser solamente un elemento y pasa a ser prueba en sí misma.

que los medios de prueba regulados responden a aquellos más tradicionales. Nótese que la mayoría de ellos fueron promulgados sobre los años 80 del siglo pasado. En estas condiciones es bastante difícil encudriñar el dictamen odorológico en los marcos legales debido a la naturaleza de su objeto de estudio(la huella olorosa). No obstante, algunos códigos establecen postulados generales que permiten, de alguna manera u otra justificar legalmente el uso del dictamen odorológico y otros de última generación. Lo cierto es que a partir del presente siglo se ha experimentado un movimiento de reforma procesal en América Latina en la que las leyes han ido adaptándose a las nuevas realidades sociales y doctrinas procesales. Entre estas se han modificado, de manera que puedan ser fundamentada legalmente, las disposiciones referentes al uso de los medios de prueba en el proceso penal y las posibilidades de su debate en el juicio oral. Estas reformas han contribuido, sin lugar a dudas, al fundamento legal de la Odorología; pero, sobre todo, son un termómetro del reconocimiento paulatino de sus fundamentos jurídicos y su aceptación por el sector académico y judicial.

Si tuviéramos que vaticinar el futuro de la Odorología como medio de prueba no podríamos decir otra cosa que el devenir de esta técnica ha estado truncado por el debate y crítica constante en el sector jurídico; pero su presente está caracterizado por la búsqueda científicas de sus fundamentos y su futuro estará determinado por la capacidad explicativa y comunicativa de los mismos. Esta explicación será visible por medio de un incremento sobre los foros científicos odorológicos, proliferación de revistas, sociedades y asociaciones científicas, así como el incremento de su estudio y fundamentos en los programas curriculares universitarios. Pudiera suceder que muchos de los elementos materiales utilizados hoy para la realización de los dictámenes odorológicos sean superados por la tecnología y ello facilitará la rapidez del trabajo odorológico. También influirá el avance tecnológico en la reducción de los márgenes de errores al poder obtenerse huellas olorosas inclusive en condiciones climáticas y atmosféricas en las que hoy resulta difícil obtenerlas. El can, seguirá siendo por mucho tiempo el co-protagonista de esta técnica pericial; pero, mientras tanto, corresponde a los odorólogos y estudiosos de esta especialidad surcar el terreno en el que se enraizarán los fundamentos del conocimiento especializado correspondiente. Así se fortalecerán los fundamentos jurídicos y legales del saber científico que nos ocupa en esta obra.

Capítulo IV: Dimensión Filosófica.

1. Dimensión Filosófica de la Odorología Criminalística. Concepto. *1.1 El problema filosófico de la Odorología Criminalística. Momento de manifestación. 1.1.1. El Can en la dimensión filosófica de la Odorología Criminalística. 1.1.2. El ser humano en la dimensión filosófica de la Odorología Criminalística. 1.1.3. La sociedad y su superestructura en relación con la dimensión filosófica de la Odorología.*

1. Dimensión filosófica de la Odorología Criminalística. Concepto.

La Odorología Criminalística es, ante todo, una fuente de conocimientos y experiencias y, a su vez, un instrumento cosmovisivo. Ello significa que la Odorología criminalística brinda conocimientos que permiten solucionar de manera más efectiva determinados conflictos sociales surgidos durante la interacción entre los hombres o en el despliegue individual de su esencia humana. Por eso, cuando decimos que es una fuente de conocimiento y experiencias para el hombre queremos significar que de su estudio y práctica los seres humanos y la sociedad en general enriquecen su espiritualidad, su intelectualidad y facilitan, mediante la función preventiva de la Odorología, sus condiciones de vida. Por otro lado, cuando decimos que el conocimiento odorológico es a su vez un instrumento cosmovisivo estamos aludiendo a la influencia que el mismo y su aplicación ejercen sobre la manera que los seres humanos pueden concebir el mundo que les rodea y la manera de interactuar en él. Cómo se llevan a cabo todos estos procesos durante el estudio y el ejercicio práctico odorológico criminalístico forma parte del objeto de estudio de la Odorología en su dimensión filosófica. Por ello, cuando estudiamos la Odorología Criminalística no basta con comprender sus fundamentos científicos, practico-sociales, jurídicos y legales sino que debemos ensalsar todo ese conocimiento con el estudio de las fuentes del conocimiento odorológico, la manera en que este se crea y se desarrolla y los procesos de influencia en la cosmovisión individual y social. Debemos entonces sumar a este concepto la manera en que las experiencias humanas y los procesos sociales influyen, condicionan y mediatizan el pensamiento del investigador científico odorológico (académicos e investigadores) y cómo a su vez el conocimiento odorológico influye en la conciencia social y el pensamiento popular. Entonces, si tuviéramos que definir en pocas palabras la dimensión científica de la Odorología Criminalística, la resumiríamos como aquella parte de su teoría que estudia los procesos de creación, interpretación y proyección social del conocimiento odorológico y la manera en que la conciencia social influye en dicho conocimiento y su práctica; así como las distintas direcciones e influencia del "pensamiento humano" durante la creación y proyección del conocimiento odorológico. Ello significa que la dimensión filosófica de la Odorología comprende el estudio de *cómo pensar el conocimiento odorológico.*

1.1 El problema filosófico de la Odorología Criminalística. Momento de manifestación.

La Odorología, como todo saber científico, intenta constantemente resolver problemas que se plantea una y otra vez permanentemente. Por eso, cuando se habla del problema filosófico de la Odorología Criminalística debemos entender aquel que se comprende en el espacio lógico objetivo que constituye el fundamento real de interconexión de los "hechos" de los que este saber se ocupa. En este sentido estaríamos aludiendo al hecho delictivo concreto. Ello quiere decir que el problema filosófico de la Odorología hay que buscarlo ahí, en los marcos del delito. Es en ese espacio y no en otro donde esencialmente la Odorología "es", de manera que sin delito la Odorología criminalística no tiene razón ni lógica objetiva o material. Entonces si el "ser" o materialización del conocimiento odorológico tiene su esencia filosófica en la manifestación delictiva podríamos decir que es en este espacio donde habría que indagar siempre las razones y los fundamentos odorológicos; o al menos iniciar por ahí. Ahora bien, una cosa es el *ser* y otra es el *pensar*. Es decir, una cosa es cómo se manifiesta el conocimiento odorológico en la realidad objetiva a partir de la manifestación de un delito concreto y otra cosa es cómo se concibe y se piensa al conocimiento odorológico en el proceso de formación de una teoría convincente y lógica. Es por estas razones que el problema fundamental de la Odorología siempre será *determinar coherentemente y de manera regulada y organizada la lógica (formal y material) de la interrelación entre ese pensar odorológico y ese ser.*[33] El carácter *coherente* lo brinda la lógica formal y material del conocimiento odorológico. El carácter *regulado* lo brindan las propias leyes científicas y principios funcionales e históricos de iniciación de los que se vale la Odorología y, por último, el carácter organizado lo brindan los métodos científicos y prácticos de la Odorología cuya combinación conforma la metodología rectora de este saber científico. Este problema es importante por dos razones a saber: por un lado, porque es a partir de él que se conforma la polaridad inicial, la contradicción primaria (doctrina-práctica) cuya solución gradual cristaliza en el proceso de desarrollo de la Odorología Criminalística. Ello significa, en otras

---

[33] Al igual que manifestamos en capítulos anteriores aquí no se trata de concebir el problema fundamental como un problema principal, supremo o cardinal entre otros problemas filosóficos no fundamentales sino de comprenderlo como el fundamento de todo el conocimiento odorológico.

palabras, que todos los problemas planteados en las otras dimensiones aquí estudiadas (dimensión científica, jurídico-legal, practico-social y otras no analizadas en esta obra) se erigen a partir de este problema filosófico fundamental que es la lógica de la interconexión entre el pensamiento científico odorológico y la práctica o manifestación de dicho pensamiento. Pero reiteramos que no se trata de una interconexión vacía; se trata de una interconexión fundamentada en la lógica que brindan los métodos, principios, teorías y leyes científicas en dicha relación por un lado, y por otro lado, la hermenéutica de la aparente y relativa polaridad entre el pensamiento científico odorológico y su proyección objetiva o material. Por eso la Odorología, en su dimensión filosófica, y los estudios filosóficos aplicados a la Odorología Criminalística no estudian la práctica o la teoría odorológica de manera desvinculada; pues los problemas de la Odorología serán comprendidos solamente allí donde se examine el problema fundamental odorológico en los marcos del delito concreto. La particularidad de esas relaciones que se establecen entre la práctica y el conocimiento odorológico serán las que diferenciarán a la Odorología de otras técnicas odorológicas y otros saberes científicos. No obstante, no debemos olvidar que el saber odorológico está en constante movimiento que es lo mismo que decir que se encuentra en constante desarrollo evolutivo. Cada día se perfecciona más y cada vez más adquiere atributos y fundamentos propios de una ciencia. Ello significa que los conceptos entorno al problema fundamental de la Odorología van mutando históricamente y, con ello, surgen nuevos problemas en las diversas dimensiones odorológicas que de igual manera girarán entorno al problema fundamental.

Ahora bien, de este problema fundamental surge otro que en el campo odorológico es bastante debatido entre los especialistas. Se trata sobre si es la teoría criminalística la que ha determinado la práctica o ha sido la práctica odorológica la que ha determinado su teoría y doctrina actual. Para algunos la doctrina odorológica surgió primero en términos de ideas, teorías que posteriormente fueron aplicadas a la práctica dando lugar a lo que es hoy esta técnica criminalística. Otros consideran que realmente ha sido la práctica la que ha jugado un papel crucial en el reconocimiento y desarrollo científico odorológico. La verdad es que a nuestro criterio ambos planteamientos son verídicos pero no absolutos ni excluyentes. La teoría ha contribuido tanto al desarrollo de la Odorología como su práctica y resulta ambivalente siquiera discutir quién determina a quién, pues la práctica es el criterio valorativo de la teoría odorológica y esta última es a su vez el motor impulsor por el cual se perfecciona la práctica especializada en la Odorología. Por tanto, ambas se relacionan en el sentido que una existe en la otra y ambas se determinan mutuamente. Lo importante aquí es que la relación entre esa teoría y práctica odorológica y sus expresiones es concebido como el núcleo del problema fundamental de la Odorología y sobre este problema y la forma en que se ha expresado a través de los años constituye también el fundamento sobre el cual se erige objetivamente toda la historia de la Odorología. Es así que si analizamos la historia de la Odorología Criminalística veremos que esta no es más que el tracto evolutivo de la resolución de su problema fundamental. Si analizamos los debates que más se encarnan hoy en los foros académicos odorológicos notaremos que estos se erigen sobre una esencia que es precisamente el problema filosófico fundamental odorológico y, de igual modo, si analizamos los reiterados debates sobre la pertinencia del dictamen odorológico en cada proceso penal concreto veremos que en los juicios orales correspondientes este se enfoca precisamente en el problema filosófico fundamental de la

Odorología Criminalística. Inclusive, la práctica odorológica no es más que una reafirmación de su problema fundamental desde el momento que el perito odorólogo se persona en el lugar del suceso y levanta la huella olorosa.

De lo anteriormente dicho se desprende que desde el mismo momento en que el perito se persona en el lugar del suceso para inspeccionar las posibles fuentes de pruebas ya se está manifestando el problema fundamental de la Odorología. Aunque esta afirmación es correcta no significa que desde antes a la llegada del perito al lugar del suceso no se esté manifestando ya dicho problema fundamental. Por eso, cuando hablamos del momento de manifestación del problema fundamental de la Odorología Criminalística debemos entender como tal aquel en el que por primera vez se manifiesta el problema fundamental odorológico y ese no puede ser otro que *el nacimiento del conocimiento odorológico mismo*. Desde que se crea el conocimiento ya se está manifestando el problema filosófico fundamental de la Odorología porque no es posible crear teorías y doctrinas odorológicas sin tener en cuenta la lógica de la interconexión entre el conocimiento odorológico existente y la práctica especializada odorológica. Existen varias formas de llegar al proceso de creación del conocimiento odorológico, pero en todas es esencial que ese creador del conocimiento odorológico conozca , comprenda y sepa explicarse, al menos a sí mismo, la manera en que se expresa en toda su dimensiones el problema fundamental de la Odorología.

Con lo que respecta a la creación del conocimiento odorológico debemos tener muy claro que este puede surgir de muchas maneras; ya sea por medio de la intrucción en centros de enseñanzas, la experiencia práctica u otras vías. Lo importante es que en todos los casos posibles el ser humano aprehende dicho conocimiento y lo fija en su intelecto solamente si es capaz de entender la lógica con que ese saber adquirido se despliega en la práctica y se proyecta socialmente. Con esto queremos decir que no vale de nada instruir con teorías, leer libros y hacer pasantías prácticas si los estudiantes no son capaces de comprender la lógica que mueve la teoría odorológica a la práctica y de la práctica a la creación de nuevas teorías. Es así que la comprensión de la dialéctica del conocimiento odorológico, por un lado, y la lógica de la interrelación entre teoría y práctica odorológica, por el otro lado, es de vital importancia para la formación de los especialistas en Odorología

Criminalística, jueces penales y demás operadores jurídicos.

1.1.1. el Can en la dimensión filosófica de la Odorología Criminalística.

El estudio filosófico de la Odorología Criminalística comprende también el análisis sobre el pensamiento popular y su contribución al desarrollo del conocimiento odorológico. Debemos tener en cuenta que la Odorología tiene una utilidad social y su conocimiento se proyecta de muchas maneras hacia la sociedad. De igual manera la sociedad contribuye a la aceptación y reconocimiento de esta especialidad forense; pero en ese reconocimiento también va intrínseco una contribución al desarrollo de su doctrina y al prefeccionamiento de su práctica. Es por estas razones que estudiar cómo la sociedad concibe y piensa la Odorología es de vital importancia. La comunicabilidad de la doctrina odorológica es muy importante ya que en dependencia de cómo llegue esta a la sociedad será la manera en que esta última perciba el conocimiento odorológico. Este tema lo traemos a colación en este epígrafe porque si existe un contenido de la Odorología Criminalística que no ha sido tratado adecuadamente en la comunicabilidad de este saber científico es precisamente el referido al can y su papel dentro de esta técnica. En entrevistas realizada por el autor de esta obra durante el año 2013 a operadores jurídicos y pobladores en general de algunos países europeos y latinoamericanos se pudo constatar que un elevado número de los entrevistados manifestaban opiniones fundamentadas en erróneos conceptos producto de una mala comunicación científica de la Odorología. Lo que más llamó la atención en aquel entonces es que la mayoría de estos criterios negativos giraban entorno al can y su credibilidad científica. El primer criterio totalmente desacertado es el pensar que el dictamen lo realiza el can o que este lleva sobre sí toda la responsabilidad de la eficacia de la técnica odorológica. Al respecto reiteramos aquí que el can es simplemente un instrumento más cuya capacidad olfativa no ha podido ser superada por la tecnología humana. Detrás de todo esto está el análisis constante y valoración del perito a cargo del dictamen y su equipo de trabajo. Somos del criterio que la errónea percepción popular y jurídico-especializada sobre el can está mediatizada muchas veces por una mala interpretación y explicación del problema filosófico fundamental de la Odorología. La cuestión aquí sería entonces en que el comunicador (sea un académico, un investigador, etc,) debe entender los fundamentos doctrinales y científicos de la utilidad del olfato canino para el desarrollo del dictamen odorológico y comprender la lógica de la instrumentación del can en el desarrollo del dictamen odorológico. No obstante, lo más importante de todo esto es que sepa explicar y comunicar dicha lógica.

Aunque no lo parezca, el can es una pieza fundamental en el estudio filosófico de la Odorología, pues es parte de la clave de la resolución del problema fundamental odorológico. Sin olfato canino no se puede hablar de Odorología y precisamente todo cuanto se critica a este saber científico y su utilidad parte justamente de la incredulidad de una parte significativa del sector jurídico de la funcionalidad del perro. Es por estas razones que reiteramos que el can debe ser concebido como objeto, instrumento y no como sujeto analítico. Ello no quiere decir que se tengan los cuidados pertinentes con el animal y se le brinde todo el amor posible. Lo cierto es que desde la lógica formal odorológica el perro es un instrumento más y el perito es el sujeto. Al ser considerado entonces como un instrumento más el perro deviene en una de las categorías científicas de la Odorología y, por consiguiente, en parte de su objeto de estudio. Corresponde entonces a los estudiosos determinar, entorno al mismo problema filosófico fundamental de la Odorología criminalística, cómo se establece la lógica de la interrelación entre el can y las restantes categorías de este saber científico.

1.1.2. El ser humano en la dimensión filosófica de la Odorología Criminalística.

Una de los grandes retos de toda ciencia social y forense lo es captar la esencia humana en el movimiento histórico como condición necesaria para comprender el escenario obligado en el cual se desarrolla. En el caso de estas últimas (las ciencias forenses) este cometido se manifiesta sobre la base de un fenómeno social concreto que es el delito. Ello no significa que no se intente captar la esencia humana en su movimiento histórico; pues únicamente de esta manera se puede comprender las móviles que impulsaron al delincuente a cometer el crimen y por qué estos tienen características diferentes. Es por eso que sólo puede observarse a la naturaleza de manera racional si se tiene como eje central al hombre y se concibe al mismo como un producto supremo de esta.

Ahora bien, si entendemos al hombre como un producto supremo de la naturaleza debemos comprender también qué lo ubica en esta posición. Esta supremacía se debe esencialmente a dos capacidades desarrolladas por el mismo: por un lado su racionalidad y la posibilidad de desarrollar una conciencia social y, por otro lado, su capacidad para subjetivizar la naturaleza y objetivarse en la misma como ser supremo. Todo esto obliga a que toda ciencia, especialmente las sociales y también las forenses, requieran un previo estudio pormenorizado del pensamiento humano para poder comprender sus respectivos objetos de estudio. Inclusive, para su aplicación se requiere en cada caso concreto un análisis del pensamiento humano. En el caso de la Odorología Criminalística este aspecto es perfectamente apreciable en varios momentos de su estudio y especialmente de su aplicación. Por ejemplo, la labor pericial la desarrolla un ser humano sobre un fenómeno social que es el delito; el dictamen odorológico tiene como finalidad primaria identificar personas por medio de sus olores característicos y la principal utilidad de la Odorología va encaminada a lograr el mayor bienestar posible por medio de la prevención y la seguridad a los seres humanos para que estos puedan desplegar plenamente su esencia durante su interacción mutua o con los restantes elementos de la naturaleza.

Con todo lo hasta aquí expresado queda claro que el hombre es el centro de la Odorología y el pensamiento del mismo su eje rector. Esto quiere decir que el conocimiento odorológico parte del hombre, hacia él se dirige y a él sirve. Pero esta utilidad no se aprecia de manera directa sino que está mediada por el medio social en el cual el hombre manifiesta su esencia. Es por ello que al estudiar la actividad humana y la racionalidad en la creación del conocimiento odorológico se requiere necesariamente abordar aspectos relativos a la sociedad y su superestructura.

1.1.3. La sociedad y su superestructura en relación con la dimensión filosófica de la Odorología.

La sociedad, a diferencia de la naturaleza, es un objeto limitado en el tiempo. Consecuentemente tiene un inicio, dado por el propio movimiento de la naturaleza; por tal razón no se presenta al conocimiento en todo el despliegue completo de sus formas sino en las formas históricamente concretas de su existencia. Ello significa que en el estudio de la sociedad se corre el riesgo constante de una interpretación utópica y falta de fundamento. Tenemos que tener presente que independientemente de que el hombre por medio del Estado moderno dicte sus propias leyes(Facultad de crear Derecho) e intente regular la sociedad por medio de estas no siempre va a lograr ir un paso adelante de la realidad social, pues la sociedad se rige por sus propias leyes sociales que sirven de fundamento a la Sociología. Ello no quiere decir que el Estado pueda incidir por medio del despliegue de sus rasgos esenciales sobre el curso de una sociedad sino que lo que pretendemos destacar aquí es que no siempre el Derecho va a determinar ese curso. El Derecho es un reflejo de la sociedad y su complejidad; este puede regularla, expresarla y servir de catalizador o freno de determinados procesos sociales, pero nunca debe pretender en un Estado ideal de Justicia y Derecho determinarlo y manifestarse en contra de las propias leyes sociales.

El estudio de la sociedad es importante para los estudios odorológicos ya que la sociedad misma es el escenario en el que se despliega la Odorología Criminalística. Como ya habíamos hecho alusión anteriormente, el delito es aquel fenómeno social que enmarca el escenario donde se manifiesta y objetiviza *prima facie* el problema filosófico fundamental de la

Odorología. No obstante, el delito no puede ser visto como un fenómeno social concreto cualquiera, pues aún en su más mínima expresión significa un conflicto social. Dicho conflicto está dado en que su esencia está determinada por la peligrosidad social que representa al sistema de relaciones sociales imperantes, ya sea por la puesta en peligro de bienes protegidos jurídicamente o por la lesividad de los mismos. Entonces, desde una posición lógica, las relaciones sociales son protegidas por el Derecho a través de las leyes y demás disposiciones jurídicas. Estas definen los bienes útiles para la sociedad y regulan el ejercicio y explotación racional y sostenibles de los mismos. El delito (ya previsto como tal en la ley penal sustantiva) va a consistir en aquella acción u omisión que pone en peligro o lesiona dichos bienes y su moderada y sostenible explotación por parte de los miembros de la sociedad. Por tanto, el delito es la negación del Derecho y del normal equilibrio del sistema de relaciones sociales. El Estado por medio de sus rasgos esenciales y facultades tiene la misión de accionar todo un mecanismo devenido en sistema para negar el delito acontecido y así restablecer el equilibrio social. Parte de todo este sistema antes mencionado es la actividad criminalística como medio para investigar las condiciones materiales en las que el conflicto social (delito) ha acontecido. Por medio de su labor preventiva la actividad criminalística también transmite las experiencias valoradas sobre las debilidades del sistema de seguridad en un territorio determinado correspondiente al Estado en cuestión. Aunque otras ciencias como la Sociología o la Criminología, por ejemplo, tienen la misión de analizar los móviles que condujeron a la comisión del delito y las circunstancias sociales y jurídicas, así como los factores sociales y medio ambientales que contribuyeron a su ocurrencia(factores criminógenos, por ejemplo) no se puede negar que la Criminalística es la ciencia que permitiría en primera instancia extraer los elementos y circunstancias en las que se ha desarrollado el hecho delictivo y ello serviría para la redefinición del objeto de estudio concreto de las restantes ciencias mencionadas, entre otras. La Odorología, en tanto técnica criminalística contribuye al logro de todo este objetivo desde su propia pericia respecto al levantamiento de las huellas olorosas y posterior identificación de los autores u otras personas presentes en el lugar del suceso.

La relación de la Odorología Criminalística y la sociedad no se explica solamente con el entendimiento de los fundamentos sociales del delito y el *processus* de su negación dialéctica en el desarrollo del sistema de relaciones sociales, sino que se requiere además comprender otros aspectos como es el papel de la superestructura social en los fundamentos filosóficos de la Odorológica Criminalística y los estudios filosóficos de la misma. En tal sentido debemos partir del hecho de que el delito, como fenómeno social, refleja una esencia clasista. Ello se debe a que es la clase socialmente dominante la que establece las conductas deseadas para la perdurabilidad posible de sus intereses por medio de normas jurídicas y todas aquellas ventajas dispositivas que les brinda el Estado. De esta manera es la clase o sector económico y políticamente dominante quien establecerá, por las vías pertinentes al efecto, qué conductas serán consideradas delitos y cuales no. Para ello se crea toda una superestructura social que se erige desde la propia base económica del Estado y se conforma como una pirámide que se subjetiviza cada vez más desde las ideas y activiaddes políticas hasta los ideales y conceptos jurídicos, éticos, estéticos, filosóficos y hasta religiosos. Todo este sistema de ideas, pensamientos, prácticas y concepciones se religan en función de los intereses de esas clases sociales económicas y políticamente dominantes de manera que se expresan socialmente en un esquema ordenado generalmente de intereses diversos; pero siempre dirigidos armónicamente a dar preferencia a los de las clases superiores que más inciden sobre el poder público político del Estado. De ahí se desprende fácilmente que lo que es delito en unas sociedades quizás no lo sea en otras, especialmente si responden a modos de producción diferentes.[34]

Las ciencias forenses, a diferencia de las sociales, no tienen una esencia clasista propiamente dicha porque su objeto de estudio y práctica no responde a intereses particulares ni sectoriales. Más bien son más globales y buscan precisamente la seguridad de todos los ciudadanos independientemente de su credo religioso o afiliación política-ideológica. El compromiso de las ciencias forenses es con la verdad y con la ciencia misma a la que responden. No obstante, es una realidad que una cosa es la teoría forense y otra es su ejercicio. Este punto lo traemos a colación porque de la

---

[34] Debemos aclarar aquí que aún cuando dos Estados respondan a un mismo modo de producción, sistema de gobierno y sistema de Derecho es usual observar diferencias respecto a la expresión de los intereses sociales en la superestructura antes mencionada.

misma forma que el delito tiene una esencia clasista muchas veces podemos encontrar Estados cuya forma de gobierno y sistema jurídico y policial se conforma de tal manera que el ejercicio de las ciencias forenses se subyuga en toda su magnitud a estos intereses clasistas. Tal es el caso en el que el ejercicio pericial solamente queda dispuesto cuando lo solicita un órgano judicial o público. En estos casos la parte privada en el proceso penal o cualquier persona que por otros motivos requiera de un peritaje no puede solicitarlo si no es por la inmediación de una institución pública y la debida autorización de las representaciones gubernamentales. Varios han sido los casos de abuso de autoridades que nunca han sido procesados por carencia de pruebas, e inclusive cuando la disposición de un dictamen pudiera ser beneficiosa para establecer pruebas fehacientes de la comisión de dicho abuso o crimen; pero por falta de procedibilidad o autorización gubernamental no se realizan los peritajes pertinentes. Este es un tema bastante debatido actualmente y es que lógicamente la práctica forense debe estar a disposición de toda la sociedad siempre que realmente se justifique la necesidad de un dictamen pericial y no de un grupo social en el poder. Ello, como ya habíamos dado a entender anteriormente, convierte la práctica pericial en una herramienta que solamente será usada por autorización de un sector social en el poder cuando los resultados de dicho ejercicio no signifique un peligro para los intereses sociales de ese grupo. Sobre este tema no ahondaremos mucho en esta obra pero sí quisiéramos reiterar que el compromiso de la técnica criminalística, dentro de la cual incluimos evidentemente a la Odorología, tiene un compromiso con la sociedad y no con los intereses de clases que en ella se religan. Por eso el conocimiento odorológico debe concebirse sobre la base de servir a la sociedad y ser comunicado a esta para ganar así más aceptación y credibilidad popular tanto científica como ética.

Por último quisiéramos destacar suscintamente el tema ético del odorólogo. El perito en todo ámbito que participe como parte de su ejercicio profesional es considerado un criterio de la verdad, al menos popularmente. Es por eso que en el proceso penal no es considerado parte formal sino un sujeto que no responde a ninguno de los intereses religados allí como pudiera hacerlo el abogado defensor o el fiscal. El odorólogo va al juicio oral a exponer sus conclusiones periciales por medio del informe oficial sin importar a quien beneficie o perjudique. Su comprimiso, reiteramos, es con la verdad.

Dicha credibilidad está dada por dos razones fundamentales: por un lado, por no responder a ningunún interés particular en el proceso penal (imparcialidad) y, por otro lado, por los fundamentos científicos y especializados de sus criterios. Todo esto convierte al perito odorológico en un referente ético a la hora de valorarlo o calificarlo profesionalmente. Esta referencia trasciende al plano profesional para convertir al odorólogo en un referente ético dentro de la sociedad. Es por eso que la deontología odorológica no se enmarca al laboratorio odorológico sino que exige al especialista una actitud coherente con los principios éticos-sociales en su comunidad y en la sociedad en general.

Tal y como hemos visto hasta aquí, la Odorología, en su dimensión filosófica, comprende tres niveles de pensamientos a saber: el individual, el grupal y el social. El nivel individual se comprende por todo el proceso de creación desarrollo, aplicación y restante expresión del conocimiento odorológico manifestado en el sujeto y en su cosmovisión. Por su parte, el nivel grupal comprende iguales características que el individual pero con la diferencia de que su alcance se enmarca en un grupo o comunidad determinada. Esto significa que aquí el conocimiento es creado, desarrollado o manifestado de manera más o menos colectiva. Cuando hablamos entonces de ese carácter colectivo del pensamiento grupal que adquiere el conocimiento odorológico nos referimos a una doctrina que por fuerza ha sido concebida colectivamente, pues de lo contrario no hubiese sido posible conocerla. Tal puede ser el caso de una experiencia colectiva de trabajo o un experimento en el cual se requería necesariamente la participación de un equipo especializado. En un nivel grupal del pensamiento filosófico odorológico las manifestaciones de dicho conocimiento inciden de manera especial y directa en la cosmovisión del grupo o la comunidad correspondiente, independientemente de que posteriormente sea comunicado dicho conocimiento a toda la sociedad. Por último se encuentra el nivel social o societal mediante el cual se desarrolla o manifiesta el conocimiento odorológico. Aquí hay que destacar algunas cosas relevantes para la comprensión de este nivel de conocimiento odorológico. Nótese que hablamos aquí de desarrollo y manifestación del conocimiento odorológico y no de su creación. Con esto queremos significar que en este nivel no se crea el conocimiento sino que se recibe por los distintos canales de comunicación científica como pueden ser las revistas, periódicos, instituciones de enseñanza e investigación, inclusive por los medios de comunicación tradicionales (radio, televisión). Por otra parte debemos destacar que en lo que respecta a cómo ese conocimiento odorológico comunicado influye en la cosmovisión social actualmente existen varias posiciones contrapuestas sobre si realmente esa influencia es directa o simplemente no existe. A nuestro criterio el conocimiento odorológico, como todo conocimiento, influye de una manera u otra en la conciencia social. Eso depende claramente del grado de comunicabilidad de dicho conocimiento y la forma de comunicación; así como la facilidad con que se exprese en esa conciencia social la conciencia individual y cosmovisión particular mediatizada por el conocimiento odorológico previamente adquirido por los respectivos sujetos. Entonces, de lo que no cabe dudas y está científicamente probado es de que la Odorología sí influye en la cosmovisión social gracias a su incidencia en la conciencia social e individual de los ciudadanos.

Bibliografía

- KELLY, DAVID R. *Feromonas: Leones, Tigres y Pulgones* (en línea). Disponible en: < http: // www.genaltruista.com> Fecha del documento: 28 de mayo de 2001, Consulta: 13 de septiembre de 2015]

- *Kryminalistyka* (en línea) Editor Sitio Justitia pl. Polonia. Disponible en:< http: // www.test.justitia. net> Fecha del documento: 9 de octubre de 2002, [Consulta: 17 de septiembre de 2015.

- *La almohadilla del olor. K9 s forense STU- 100* (en línea). Editor K-9 Co. EUA, Disponible en: < http: // www. sppd.org.k9 > Consulta: 11 de septiembre de 2015

- LACHACZ, MAREK. *Kriminalistics Odorology* (en línea). Polonia. Disponible en:< http: // www.tnoik-katalog.po> Consulta: 17 de agosto de 2015.

- *La lógica molecular de la olfacción* (en línea).Editor Howard Hughes Medical Institute. Disponible en:< http: // www.genaltruista.com> Fecha del documento: 16 de abril de 2001, Consulta: 16 de julio de 2015]

- *La nariz electrónica* (en línea). Editor EUFIC Online. Disponible en: < http: // www.genaltruista.com > Fecha del documento:

13 de mayo de 2001, [Consulta: 21 de septiembre de 2015].

- *La olfacción* (en línea). Editor Leffinwell & Associates. Disponible en: < http: // www.genaltruista.com >Fecha del documento: 9 de julio de 2001, [Consulta: 21 de julio de 2015].

- LANCENT, DORON y Col*.: Los receptores olfatorios* (en línea). Editor: Dpto. de Investigaciones sobre Membranas y Biofísica. Weizmann Institute, Alemania. Disponible en: < http: // www.genaltruista.com > . Fecha del documento: 9 de julio de 2001, [Consulta: 21 de julio de 2015].

- LEFFINWELL, JOHN C*. Olfaction* (en línea). Disponible en: < http: // www.leffingwell.com >. [Consulta: 21 de julio de 2015].

- LEFFINWELL, DIANE; LEFFINWELL,JOHN C.: *Odor Detection Thresholds of Grass Flavor Chemicals* (en línea). Disponible en: < http: // www.leffingwell.com >[Consulta: 21 de julio de 2015]

- *Los antepasados de los perros (en línea).* Editor Sitio El Grumete, Uruguay. Disponible en: < http://www.grumete.com.uy>[Consulta: 21 de julio de 2015]

- *Los investigadores descubren los secretos del olfato* (en línea). Editor The Harvard University Gazzette, Disponible en: <

http://www.genaltruista.com > Fecha del documento: 8 de abril 1999, [Consulta: 21 de julio de 2015]

- LOS, JAROSLAW. 2000. *Comparison of Polish scent identification methods with the ones used in Dutch experiments.* En Problemy Kryminalistyky (Polonia), No. 229:47, Marzo de 2000.
- LLORENS, M. E. y col. 1998. *Determinación de autor a través de huellas papilares sin valor identificativo utilizando la Odorología.* Ponencia, LPC Cienfuegos, Cuba.
- ------------------------------- 1998. *Determinación de persona que confeccionó un documento manuscrito a través del marcaje realizado en el laboratorio de Odorología.* Ponencia, LPC Cienfuegos, Cuba.
- ------------------------------- 1998. *Utilización del scotch tape como soporte para la obtención de huellas olorosas.* Ponencia, LPC Cienfuegos, Cuba.
- ------------------------------- 1998. *Sustitución de paños odoríficos por papel para captar olores en el Lugar del Suceso e impresiones olorosas.* Ponencia LPC Cienfuegos, Cuba.
- *Malfattori traditi dal loro odore (en línea)* Editor Impianti tecnologici Avanzati s.r.l. Italia. Disponible en:< http: //www.webus.it> Fecha

del documento: 6 de agosto del 2003,[Consulta: 21 de julio del 2015]

- MASSON, CLAUDINE; JEANNE, CAMILLE; et al. 1988. *Method for marking an object in order to remotely detect such object in the case of loss or theft. Centre National de la Recherche Scientifique.* Patente PN- 8807736 Oficina Cubana de la Propiedad Industrial.La Habana, Cuba.

- *Memorias de un olor* (en línea). Editor Medical Magazine (1996) Disponible en:< http: // www.genaltruista.com > Fecha del documento: 23 de septiembre de 2000, [Consulta: 17 de septiembre de 2015]

- MERCADO VARGAS, HECTOR. *El origen del perro* (en línea). Edición Internet Pulso, México. Disponible en: < http: // www.pulsoslp.com > Fecha del documento: 17 de junio de 2003, [Consulta: 21 de julio de 2015]

- MISIEWICZ, KRZYSZTOF. *Influence of Nicotine on performance of scent identification dogs.* En Problemy Kryminalistyky (Polonia) No. 229: 38 Marzo / 2000.

- MOLINA WALDEMIROFF, MARCOS M. 1996. *Valoración anatomofisiológica del olfato canino y su importancia para el establecimiento del valor legal de la huella olorosa.* Ponencia LCC, Enero / 1996.

- --1997.

La huella olorosa y su valor legal como elemento de prueba en los Expedientes de Fase Preparatoria. Ponencia. Congreso Internacional de la Sociedad de Ciencias Penales, Camagüey, Cuba, Marzo /1997.

- -- 1997.

La Odorología Criminalística y la Medicina Forense. Ponencia. Congreso Internacional Forense '97. Palacio de Convenciones, Ciudad de la Habana, Cuba.

- --

1997. *Valoración científica de la utilización de los perros de rastro para el trabajo de las aplicaciones químicas operativas olorosas.* Ponencia. II Encuentro Nacional sobre medios de marcaje. Camagüey, Cuba, 1997.

- --

1998. *Generalización del valor legal de la huella olorosa.* Ponencia XII Forum MININT Provincia La Habana, Cuba, 1998.

- --

1999. *La aplicación de la Odorología en los hechos de Robos con Fuerza.* Ponencia Taller Provincial de Robo con Fuerza, Ciudad de La Habana, Cuba (Julio/1999).

- --

1999. *La captación de la Huella Olorosa en el Lugar del Suceso, su importancia en los delitos C/R y comunes.* (Póster*).* XIII Forum de Ciencia y Técnica, Ciudad de La Habana, Cuba, 1999.

- --

1999. *Levantamiento de huellas olorosas en soportes o superficies no tradicionales, en los delitos de robos, violación y en hechos de sangre.* (Póster) XIII Forum de Ciencia y Técnica, Ciudad de La Habana, Cuba, 1999.

- --

2000. *La Utilización de la Odorología en los Desastres.* Póster. Congreso Internacional sobre Reducción de desastres (1999) y en CITECNA '2000, Ciudad de La Habana, Cuba.

- --

2000. *Automatización del banco de olore*s. Ponencia. XIII Forum de Ciencia y Técnica del Departamento Operativo y en el Simposio Internacional de la Técnica Criminalística, Tecnicrim'2000, Ciudad de La Habana, Cuba.

- --2000. *Nuevos medios de trabajo para la Odorología.* Ponencia. XIII Forum de Ciencia y Técnica del Departamento Operativo y en el Simposio Internacional de la Técnica Criminalística, *Tecnicrim'2000*, Ciudad de La Habana, Cuba.

- --

2000. *Base Material de Estudio de Odorología.*

Departamento Operativo, División de Criminalística, noviembre de 2000, 15 pp.

2001. *El frasco B-580 nueva solución para el trabajo de Odorología.* Ponencia XIV Forum (Departamento Operativo), División de Criminalística, Ciudad de La Habana, Cuba.

2002. *Interrelación del olor humano, el olfato y la Odorología. Su importancia en el desarrollo de esta técnica, su aporte para la tranquilidad ciudadana y el esclarecimiento de los delitos.* Trabajo presentado para el examen mínimo de Problemas Sociales de las Ciencias. Instituto Superior de Inteligencia "Adriana Corcho", Ciudad de La Habana, Cuba.

2004. *Metodología general de trabajo de la especialidad de Odorología Criminalística para el Laboratorio y el Lugar del Suceso.* I Taller Nacional de Odorología C. Villa Clara Junio de 2004.

-2006. *Generalización de la Metodología general de trabajo de la especialidad de Odorología Criminalística para el Laboratorio y el Lugar del Suceso.* XVI Forum de Ciencia y Técnica DCRIM. Premio Relevante.

- MORI, KENSAKU. *Las investigaciones del olfato clarifican los mecanismos de la mente* (en línea). Editor The Institute of Physical and Chemical Research). Disponible en: < http: // www.genaltruista.com >Fecha del documento: 3 de Septiembre de 2001.
- MYERS, LAWRENCE J. *Perros con olfato profesional* (en línea). 2006. Editado por la universidad de Auburn. Disponible en: < http : // perros.wordpress com > Fecha del documento: 28 de julio de 2006.
- *Naso fino. 1995.* En The Economist, Artículo, 15 de Abril de 1995. *Nociones de higiene.* 1971. Editorial Científico –Técnica, p. 150,155 y 179.
- *Nobel de Medicina para Linda Buck y Richard Axel.* (en línea) *2004.* Disponible en: < http : // www.mujereshoy.com > y en: < http : // www.elmundo.es> Fecha del documento: 5 de Octubre de 2004, [Consulta: 17 de septiembre de 2015]
- *Nuove armi per polizia: le 'impronte olfattive'* (en línea). Editor Sitio Anarcoticus, Italia. Disponible en: http://www.anarcotico.net. Fecha del documento: 14 de julio de 2003, [Consulta: 17 de septiembre de 2015.
- *Origen del perro* (en línea) Editor Sitio Adiestramiento Canino, Argentina. Disponible en: < http 21 de septiembre de 2015]

- *Orígenes del Perro* (en línea). Sitio Angel Fire. Disponible en: < http:// www.angelfire.com
- *Origen y evolución del Perro doméstico* (en línea). Sitio Los Perros de México. Disponible en: < http : // www.perrosdemexico.com.mx>.[Consulta: 17 de septiembre de 2015.
- ORTIZ FERNANDEZ, F.: *"Los negros esclavos".* Editorial Ciencias Sociales. Cuba. 1988
- PAVLOV, IVAN PETROVICH. *Pavlov y la Influencia de la Escuela Rusa* (en línea). Disponible en: < *http: www.cuc.udg.mx>* Consultado el 21 de septiembre de 2015.
- *Percibiendo olores (en línea).* Editor Sitio Aldea Educativa. com., Disponible en:< http: // www.aldeaeducativa.com.>. Consultado el 21 de septiembre de 2015.
- PERMISI, ELIZABETH. 2002. *Canine Evolution* (en línea). En Science Magazine 22 de noviembre de 2002 298: 1540-1542
- PLINIO EL INSURRECTO. *La Selección Artificial: La Domesticación del Perro* (en línea). Disponible en: < http: //www.nodo50. org > [Consultado el 21 de septiembre de 2015.]
- PORROVECCHIO, DENIS J. 1996. *Meted and composition for deterring criminals.* EUA.

Patent-5405599, Oficina Cubana de la Propiedad Industrial (OCPI).

- POZUELOS DE CISNEROS, A. *El estrés en el entrenamiento canino* (en línea). España. Disponible en: < http: // www.aepe.jazztel.es > y en http://www.todoperros.com> Fecha de los documentos: 1 de mayo de 2002 Consultado el 21 de septiembre de 2015.

- PRIDA, EDUARDO. 1988. *El perro.* Capítulo VIII. Editorial Científico-Técnica, Cuba, p. 239-240.

- REUTERS. *Entrenan a perros para identificar cáncer de vejiga* (en línea). Disponible en: < http: //www. bmj.com >Fecha del documento: Londres, septiembre 24/2004, [Consulta: 8 de octubre 2005].

- RIVAS G., A. Y CASTRO B, C. *La Evolución del Perro y el origen del Pastor Alemán* (en línea). Disponible en: < http: //www.gorinkai.com/webppa >Fecha del documento: 23 de junio 2003, [Consultado el 13 de octubre de 2015].

- ROMÁN, VALERIA. *Una amistad de 15000 años* (en línea) Editor Red Animal.com. Disponible en: < http: //www.redanimal.org >Fecha del documento: 2 de Enero 2003, [Consultado el 13 de octubre de 2015].

- ROSILLO, MARIO R. *Características de la olfacción canina en perros de trabajo* (en línea). Sitio Veterinaria.com. Argentina. Disponible en: < http: //www.veterinaria.com > Fecha del documento: 5 de octubre de 2001, [Consultado el 13 de octubre de 2015].

- ---------------------------- *Novedoso sistema de investigación: "Odorología Criminalística" en el Departamento de Unidades Especiales.* Argentina. Disponible en: < http: //www.planetacorrientes.com.ar > Fecha/ documento: 14 de octubre de 2003,[Consulta: 25 diciembre de 2003]

- *Saliva.* (en línea). Enciclopedia Libre Wikipedia. Disponible en: <http://es.wikipedia.org/wiki/Saliva">[Consulta do el 13 de octubre de 2015].

- SAVOLAINEN, PETER; CARLES, VILÁ; MALDONADO; JESUS E.; AMOVIN, ISABEL; et al. 1997. *Multiple and Ancient Origins of the domestic Dog* (en línea). En Science 13 de junio de 1997 276: 1687-1689.

- SAVOLAINEN, PETER; YA-PING ZHANG; JING LUO y col. 2002. *Genetic Evidence for an East Asian Origin of Domestic Dogs* (en línea) En Science 13 de junio de 1997 276: 1687-1689.

- *Scent discrimination lineups* (en línea). Editor K-9 Corporations, EUA. Disponible en: < http: // www.k9.com > Fecha del documento: 7 de diciembre 2000, [Consultado el 13 de octubre de 2015].

- *Scent and Sense -Ability* (en línea) Editor Forensic Magazine < http://www.forensicmagazine.com > Fecha del documento: - Abril-Mayo 2006., [Consultado el 13 de octubre de 2015].

- ------------------------- 1999. *Humans Scents Identification Using Trained Canines* (en línea). (Conferencia) Primer Congreso Internacional de Identificación Forense Humana en el Milenio, Los Ángeles, EUA; Disponible en:< http: //www.forensic science services.com > Consultado el 25 de septiembre de 2015.

- *Siguiendo a nuestras narices* (en línea).Editor Time.com (Marzo 23,1998) Sitio Gen Altruista. Argentina. Disponible en: < http://www.genaltruista .com > Fecha del documento: 23 de julio de 2001. [Consultado el 13 de octubre de 2015].

- SMITH & BELLENSON. *Aromas vía Internet* (en línea). Editor Digiscents, EUA. Disponible en: < http: www. digiscents.com > [Consultado el 13 de octubre de 2015].

- *Sobreviviente en el genoma humano* (en línea). Editor Celera (agosto, 28, 2000). Editor Sitio Gen Altruista Disponible en: < http://www.genaltruista .com > Fecha del documento: 16 de abril 2001, [Consulta: 27 de octubre de 2015]

- *The Danish Scent Identification Dogs* (en línea). Editor Asociación Internacional de Perros Policías de los Países Bajos. Disponible en: < http: //home3.inet.tele.dk /nphu/denmark.htm>. Fecha del documento: 20 de junio de 2001, [Consulta: 21 de julio de 2015]
- TABER, TISH; HARDY, MARION; KOENING, MARCIA (en línea). 2004. *Búsqueda acuática en el Río Iowa. Disponible en:* < http: // www.voraus.com> Fecha del Documento: 7 de junio de 2004 [Consultado el 13 de octubre de 2015].
- TOCAGNI, HECTOR. *¿Los perros ven colores?* (en línea). Disponible en: <http: www.htocagni.com> y en <http: www. biboz.net> consultado el 15 de octubre de 2015.
- TOLHURST, WILLIAM. *Fuerzas especiales del Departamento del Sheriff del Condado del Niágara* (en línea). Sitio Angelfire, EUA. disponible en: < http: // www.angelfire.com > . Fecha del documento: septiembre de 1998, [Consulta: 13 de agosto de 2015]
- ------------------------------ *STU-100, Unidad de Transferencia del Olor* (en línea). Sitio

Angelfire, EUA. disponible en: < http: // www.angelfire.com >.

- TRYGG, ENGEN. *Odor Sensation and Memory* (en línea) Editor Publishing Group INC. NewYork, EUA, 1991, 168 pp. Disponible en: < http:// www.grennwood.com >. Fecha del documento: 11 de septiembre de 2000, consultado el 30 de octubre de 2015.

- *Una nariz electrónica mejorada (en línea)* Sitio Noticias.com. Disponible en: < http: //www.noticias.com > . Fecha del documento: 2 de abril de 2002, [Consultado el 13 de octubre de 2015].

- VAISMAN, ANDREA. *El perro* (en línea). Escuela Modelo DEVON. Disponible en: < http: //www. escueladevon. com >.Fecha del documento: 4 de noviembre de 2001, [Consulta: 20 de octubre de 2015

- ZANONI, MICHEL M. y col. *Forensic Evidence Canines: Status, Training and Utilization.* Disponible en: < http : //www.prusik.com/k9 forensic > Fecha del documento: 7 de diciembre de 2000, [Consultado el 13 de octubre de 2015].